Chapter 01
모로코로 떠나다

인연의 시작

2003년 6월, 다른 해와 다름없이 이탈리아 비첸자 시에서 열리는 주얼리 전시회를 방문했다. 내가 묵은 호텔은 전시회가 열리는 비첸자에서 버스로 약 30분 정도 걸리는 파도바라는 도시에 있어서 항상 셔틀 버스를 이용해 오고 갔다.

전시 둘째 날인 일요일 저녁, 하루 종일 걸어서 지친 몸을 버스에 실었다. 파도바까지 가는 동안 잠이 들었던 모양이다. 버스가 호텔에 도착해 다른 사람들이 다 내리기를 기다리고 있는데 마지막으로 내리던 한 외국인이 "많이 피곤한가 봐요?" 하고 상냥하게 인사를 해주었다. 그렇다고 말하며 웃는 얼굴로 인사를 받아주었다.

그날 저녁은 별로 배가 고프지 않아 버스에서 내리자마자 시내 중심가로 슬슬 산책을 나갔다. 얼마 뒤 크로와상 하나를 사 먹고 돌아오다가 호텔 로비에서 아까 버스에서 말을 걸었던 사람을 다시 만났다. 그는 친구와 함께 소파에 앉아 택시를 기다리고 있다가 나를 보고 또

말을 걸어왔다.

"여덟 시밖에 되지 않았는데 벌써 들어가서 자면 너무 쓸쓸하지 않아요?"

난 웃으면서 "예, 하지만 하루 종일 걸어서 그런지 좀 피곤하네요"라고 대답했다. 그러자 이 남자는 "그러지 말고 우리랑 같이 저녁식사나 하러 가지 않을래요?" 하는 것이었다.

처음 보는 사람이 친절하게 말을 거는 것이 부담스럽기도 하고 같이 저녁까지 하는 것은 더 내키지 않는 일이어서 고맙지만 올라가서 쉬겠다고 거절을 했다. 그래도 그는 끈질기게 젊은 사람이 그러면 안 된다, 그러지 말고 같이 나가자고 설득했다. 이미 빵을 먹어서 배도 고프지 않다고 하자 그러면 밥은 먹지 말고 음료를 마시거나 야채샐러드를 먹으라고 했다.

난 여러 번 사양하다가 이런 친절에 끝까지 거절하는 것도 예의가 아닌 것 같아서 안 하던 짓을 한 번 해보기로 했다.

택시가 도착했고 나는 모르는 두 남자와 파도바 시내의 한 북적거리는 레스토랑으로 향했다.

식사를 하면서 알게 된 이 두 사람의 정체는 이러했다. 내게 말을 걸어온 나훔Nahum은 다이아몬드 딜러로 베네수엘라에서 태어나 로마에서 사는 유대인인데 이탈리아, 이스라엘 등 여권이 세 개나 있었고, 그의 친구 세르지 아주엘로스Serge Azuelos는 모로코 카사블랑카에서 주얼리 숍을 크게 하는데 조상은 스페인 사람이고 부모는 프랑스

계 모로코인인 유대인이었다. 참 복잡한 족보를 가지고 있는 사람들이라고 생각했다.

내가 주얼리 디자이너라는 것을 알게 되자 그때까지 별말 없이 있던 아주엘로스 사장은 특별한 관심을 갖고 이것저것 묻기 시작했다. 처음의 어색했던 분위기와는 달리 식사가 끝날 무렵에는 우리는 서로의 개인적인 철학까지 얘기할 수 있는 정도가 되었다. 이날 나는 이 저녁 식사가 내 미래에 어떤 영향을 끼칠지도 모르는 채 즐거운 시간을 보냈다.

다음 날 아침 우리는 버스에서 가까운 자리에 앉았다. 그들은 나보고 시간이 되면 전시장을 같이 둘러보자고 했다. 모로코에서 잘 팔리는 주얼리 스타일도 알려줄 겸, 자신들이 필요한 것을 내가 좀 도와줄 수 있는지 해서였다.

솔직히 나는 그때까지만 해도 모로코라는 나라에 대해 별로 아는 바가 없었다. 영화 〈카사블랑카 The CasaBlanca〉를 떠올렸지만 그밖에는 이탈리아에 사는 모로코의 불법 이주자들, 사기성이

짙은 문화, 그리고 테러리스트 등 부정적인 이미지밖에 없었던 터라 이 사람들이 혹시 나를 이용하는 것은 아닌가 하는 불안감이 들기 시작했다. 아주엘로스 사장은 꽤 신중해 보였지만 어쨌거나 모로코에 사는 사람이니 별 다를 바가 없을 것이라는 생각이 들었다.

의심의 먹구름이 걷힌 것은 아주엘로스 사장과 전에 함께 일했던 이탈리아 디자이너를 우연히 전시장 복도에서 만났을 때였다. 그 사람에게 아주엘로스 사장에 대한 좋은 평을 듣고 나서야 비로소 나는 이 사람들이 적어도 보석상을 가장한 사기꾼은 아니라는 것을 알게 되었다.

헤어지기 전 아주엘로스 사장은 자신의 전화번호와 주소를 적어주며 며칠 안으로 비행기 표를 보낼 테니 자기와 함께 일을 한번 해보자고 했다. 그리고 나에게 모로코로 특별한 비자 없이 올 수 있느냐고 물었다. 나는 좀 놀랍기도 했고 또 그가 묻는 말에 바로 확답을 줄 수도 없었기 때문에 며칠 내로 알아보고 연락해준다고 했다. 그리고 우리는 헤어졌다.

밀라노로 돌아와서 주변에 있는 모든 한국, 이탈리아 친구들에게 이 프로포즈에 대해 어떻게 생각하는지, 비자가 따로 필요한지에 대한 수소문을 했다. 하지만 아무도 확답을 주지 못했다. 왜냐하면 이탈리아 사람들이야 관광협정으로 비자 없이 왕래할 수 있지만 한국 사정까지는 알 수 없는 노릇이었고 한국 친구들은 아무도 모로코를 다

녀온 적이 없었기 때문이다.

하지만 비자를 받아서 가더라도 이 일은 꼭 해보고 싶었다. 그때까지는 뉴욕과 런던, 이탈리아에서만 일을 해보았고 아프리카 국가로는 한 번도 출장을 다녀온 적이 없기 때문에 호기심이 발동했다. 일에 대한 경험도 매력적이었고 아프리카의 정취 또한 느끼고 싶었다. 커리어도 쌓고 여행도 하고, 두 번 다시 없는 최고의 기회라 생각했다.

하필 그때 컴퓨터 고장으로 인터넷을 사용할 수 없었던 나는 어쩔 수 없이 밀라노 주재 모로코 영사관으로 갔다. 모로코 영사관은 모로코인들로 북새통을 이루고 있었는데 한 동양여자가 그 사이를 비집고 들어가자 몇몇 사람은 의아한 눈으로 바라보았고 또 몇몇 사람은 이탈리아어로 "차오" 하고 인사를 하기도 했다. 안내 창구에 문의한 결과 한국 사람들도 이탈리아 사람들과 똑같이 특별한 관광 비자 없이 입국할 수 있다고 했다. 다행이었다. 한국 여권의 힘을 다시 한 번 확인하는 순간이었다.

며칠 후 로마의 한국 영사관에 아버지 회사일 관계로 서류를 받으러 가게 되었다. 그런데 영사관 창구의 유리창에 작은 안내문이 하나 써 있었다. 내용은 아래와 같았다.

"지난 5월 xx일 모로코 카사블랑카에서 일어난 폭탄 테러 사건으로 주의를 요하고 있습니다. 현재 모로코로 여행을 준비하고 계시는 한국 분들은 각별한 유의를 부탁드리며 모로코의 한국 대사관 연락처

는 다음과 같습니다."

이 문구가 나를 불안하게까지 만들지는 않았지만 걱정이 되는 것은 부인할 수 없었다. 하필 이런 때에 모로코를 가야 하나 하는 생각이 들었지만 이 걱정은 그리 오래가지 않았다.

영사관에서 나오면서 아주엘로스 사장으로부터 비행기 표를 보냈다는 전화를 받았다. 난 영사관에서 읽은 내용에 대해 물어보았다. 사장은 걱정할 필요 없다며 대수롭지 않게 대답했고 표를 받으러 갈 밀라노의 항공사 사무실 주소를 알려주었다. 그곳에 사는 사람이 괜찮다고 하니 뭐 괜찮겠다 싶은 생각에 일단 안도의 숨을 쉬었다. 그리고 다음 날 모로코 항공사_{로열 모로코 항공}에 들러 왕복 비행기표를 받았다.

출발일이 임박해오자 수많은 걱정이 물밀듯이 다가왔다. 혹시 내가 팔려가는 것은 아닐까? 그래도 전시장에서 만난 사람인데 나를 팔아넘기지야 않겠지, 하지만 팔려간다면 어디다 연락을 해야 하나? 뭘 믿고 아프리카까지 겁도 없이 혼자 가겠다고 했을까? 옷과 신발은 어떻게 가져가야 하나? 아랍 여자들처럼 나도 항상 차도르를 쓰고 다녀야 하나? 예방 접종을 해야 하나? 음식은 잘 맞을까? 수십 가지 걱정이 한꺼번에 밀려와 머리가 복잡해졌다. 의사인 내 동생이 나보고 걱정 근심증 환자라고 한 말이 생각났다. 에라 모르겠다. 이미 결정된 것 더 생각하지 말자고 다짐했다.

그런데 이 다짐도 한순간, 모로코를 다녀온 한 이탈리아 친구가 신발은 샌들을 가져가지 말고 앞이 막힌 구두나 운동화를 가져가라고 했을 때 다시 걱정되기 시작했다. 길거리가 더럽기 때문에 감염이 될 수도 있다는 것이다. 하지만 이미 던져진 주사위, 이 주일간의 모로코 출장은 하루 앞으로 다가왔다.

낯선, 하지만 기분 좋은 예감

오후 한시. 밀라노 말펜사 공항의 카사블랑카행 RAM 항공 탑승구 앞은 시장 바닥 같았다. 한 보따리씩 이고 지고 있는 여인네들과 그 주변을 정신없이 뛰어다니는 아이들, 시끄럽게 떠들며 얘기하는 사람들로 정신을 차릴 수가 없었다. 나이 많은 사람들은 바닥에 쪼그리고 앉아 있고 주변에서는 이상한 냄새까지 났다. 탑승 안내가 아직 나오지 않았는데도 탑승구 앞에는 사람들이 뭉치줄을 서 있었다. 탑승 안내가 시작되자마자 주변에 앉아 있던 많은 사람들이 한꺼번에 일어나 뭉치줄 주위로 다닥다닥 붙었다. 줄은 더 길고 뚱뚱해졌다.

답답하다는 생각을 하며 의자에 계속 앉아 있다가 뭉치줄이 짧은 한 줄이 되는 것을 보고서야 천천히 일어나서 보딩 패스를 내밀었다. 승무원이 내 표를 보고 컴퓨터를 치더니 "손님, 손님을 비즈니스 석으로 옮겨 넣었습니다" 하는 것이었다.

"아! 그래요? 정말 잘된 일이네요! 그런데 왜죠?" 난 기쁨 반 의심 반으로 물었다. 승무원은 이유는 모른다고 했다. 모로코 첫 여행을 비즈니스 석으로 한다? 뭔지 모르지만 좋은 느낌이 들었다.

몇 년 전 일본을 갈 때를 제외하고 비즈니스 석에 앉아 하늘을 날아보는 건 이번이 처음이다. 좌석이 넓어 편한 것은 말할 것도 없고 아이들의 울음소리를 안 들어도 되니 살 것만 같았다. 하지만 모로코 항공사를 믿어도 되는지에 대한 의구심은 여전했다. 91년 중국에서 프로펠러가 네 개 달린 비행기를 타고 마치 달구지로 시골길을 가듯 쿠당거리며 세 시간 동안 날았던 기억이 새삼 났던 것이다. 그때 나는 죽지 않으려고 필사적으로 묵주기도를 했고, 옆에 앉은 친구는 추락할 경우 머리를 보호하기 위해 비행 내내 머리를 숙이고 있었다.

하지만 내 걱정과 달리 비행기는 무사히 이륙했고 조금 후에 기내식이 나오기 시작했다. 눈 앞에 먹을 것이 보이니 이륙 전에 했던 걱정이 말끔히 사라졌다. 식사는 애피타이저로 훈제 연어와 치즈, 샐러드, 그리고 메인 요리로 고기와 각종 치즈 뷔페, 맨 마지막으로 케이크까지 나왔다. '아니 무슨 기내식이 이렇게 훌륭하담? 비즈니스 석이라서 이렇게 잘 먹나 보다.' 이코노미 석만

타본 나는 비즈니스 석의 식사가 어떤지 알 리가 없었지만 이날 기내식은 이제까지 받아본 어떤 기내식보다 월등히 나았던 것만은 분명했다.

두 시간 정도 날자 비행기는 유럽 상공을 벗어나 드디어 아프리카 대륙으로 진입했다. 하늘에서 보는 모로코 풍경은 처음에는 다른 나라들과 크게 다를 바가 없었다. 길고 깨끗한 해안, 호수, 논과 밭, 강, 모든 것이 비슷했다. 한 10분 여를 더 날다 보니 드디어 아래로 사막의 풍경이 보이기 시작했다. 모래밖에 없는 황토색의 불모지, 사이사이로 보이는 작은 호수들. 그리고 꼭 아프리카 흑인들의 보글보글 곱슬머리 같은 형태로 심어진 사막의 나무들이 이색적으로 느껴졌다.

카사블랑카에 착륙하기 전에 보이는 대지의 풍경은 다른 곳과 사뭇 다르다. 넓은 평지에 나무는 듬성듬성 서 있고 자유롭게 구분된 밭의 한 귀퉁이마다 하얗고 낮은 집들이 있었다. 어느 구역에서는 양들이 떼지어 몰려다니고 밭의 색깔은 녹색에서 갈색까지 여러 톤이었다.

비행기 바퀴가 땅에 닿자 기내의 모든 사람이 일제히 박수를 치기 시작했다. 기장이 수고해서 고맙다는 의미인지 아니면 살아서 도착한 것에 대한 기쁨인지는 모르겠지만 비행기에서 박수 치는 것을 보는 건 처음이어서 저절로 웃음이 나왔다.

입국 수속 줄은 생각보다 훨씬 더 길었다. 항상 마지막으로 타고 내리는 버릇이 있어서 이런 줄은 미처 상상하지 못했다. 한 15분 정도

줄을 섰을까, 드디어 내 차례가 되어 여권을 내밀었더니 저쪽 뒤에 있는 다른 사무실에 가란다. 황당했다. 이제 와서 무슨 소리? 물어물어 다른 사무실에 갔더니 별다른 것은 아니고 처음 입국하는 사람이기 때문에 거주 예정지의 정확한 주소와 기타 사항을 작성할 뿐이라고 했다.

모든 절차를 거친 후에 짐을 찾아 출구로 나왔다. 자동문이 열리면서 나온 로비에는 세상에, 아무도 없었다! 그야말로 스산하고 썰렁한 공항이었다. 이곳은 가족, 친구 마중 나오는 사람이 한 사람도 없단 말인가? 아주엘로스 사장이 얘기한 나를 마중 나온다는 운전사는 어

디로 간 것일까? 어슬렁거리면서 "택시? 택시? 카사블랑카?"라고 외치는 사람 한두 명 이외에는 아무도 찾아볼 수가 없었다.

설마설마 했는데 여기서 국제 미아가 되다니! 공포에 떨며 아주엘로스 사장에게 전화를 걸었다. 다행히도 전화가 연결되어 상황을 설명했더니 공항 건물 밖으로 나가라는 것이었다. 운전기사가 벌써 한 시간 전부터 나를 기다리고 있다고 했다.

공항 밖으로? 나는 시키는 대로 고분고분 공항 밖으로 나갔다. 그 순간 공항 청사 입구에 빽빽이 서 있는 마중 나온 사람들이 한눈에 들어왔다. 그 사이에서 내 이름을 쓴 팻말을 든 한 사람을 발견했을 때는 반가워서 눈물이 날 정도였다.

그의 이름은 벨카스. 토종 모로코 사람으로 유창한 프랑스어를 구사하는 그는 아주엘로스 사장의 운전기사였다. 4개 국어를 구사하는 나이지만 아쉽게도 프랑스어를 하지 못해서 이 사람이 하는 말을 하나도 알아들을 수가 없었다. 하지만 언어는 통하지 않아도 그의 선한 이미지에서 안도감을 느낄 수 있었다. 차에 오른 나는 드디어 카사블랑카 시내로 향했다.

주얼리 숍 아주엘로스

공항에서 카사블랑카 시내까지 오는 30여 분 동안 처음 보는 아프리카의 정취를 놓치지 않기 위해 열심히 사방을 두리번거렸다. 아랍어와 프랑스어로 함께 표기된 교통 표지판, 고속도로 한복판에 히치하이킹을 하기 위해 서 있는 사람들, 양몰이 소년, 21세기임에도 불구하고 당나귀가 끄는 달구지를 모는 노인, 가로수로 심어져 있는 야자수와 선인장들, 두건을 쓴 여자들, 지저분한 버스와 그 안에서 동양인인 나를 이상하다는 듯이 내려다보는 모로코 사람들…… 모두가 신기할 뿐이었다. 이 신기하고 낯선 것들 가운데서 삼성의 대형 광고가 눈에 확 들어왔을 때는 마치 아는 사람을 만난 것처럼 새삼스러운 반가움을 느꼈다.

차 안에서 이국의 풍경을 눈에 품으며 나는 또 상상을 하기 시작했다. 내가 일하게 될 곳은 어떤 분위기일까? 작업 환경은 나쁘지 않을까? 어떤 호텔에 묵게 될까? 호텔에 묵기나 할까? 호텔이 아니라면

민박을 하려나? 그리고 무엇보다 어떤 종류의 주얼리를 취급하고 있을까 하는 질문들이 끝없이 내 머릿속을 맴돌았다.

이런저런 상상을 하는 동안 벨카스가 모는 차는 시내 한복판으로 들어갔다. 시내는 생각했던 것보다 깨끗하고 잘 정돈되어 있었다. 특히 인상적인 것은 모든 카페가 프랑스 파리의 그것과 많이 비슷하다는 점이었다. 1960년대까지 프랑스의 식민지였던 이유에서일까? 테이블과 의자를 거리에 내놓은 것이나, 거리를 바라보도록 배치한 것 등 프랑스의 카페가 가진 독특한 분위기를 이곳에서도 느낄 수 있었다. 물론 그곳에 앉아 있는 사람들이 모두 남자란 점은 빼놓고 말이다.

갑자기 벨카스가 손을 들어 앞을 가리키며 뭔가 얘기를 했다. 도착했다는 신호였다. 그가 가리키는 건물은 5층짜리 하얀 빌딩으로 카사블랑카의 중심가에 있었다. 도로에는 중앙선 대신 야자수가 심어져 있었고 길 건너 오른쪽에는 미국 대사관이 자리하고 있었다.

그 건물의 1층에 위치한 아주엘로스 주얼리 숍은 아주 고급스러웠다. 입구의 좌우에 진열장이 마련되어 있었고 입구 앞에는 레드 카펫이 깔려 있었다.

이 모든 것을 보는 순간 그동안 온갖 상상과 공상으로 쌓아온 나의 걱정 근심은 눈 녹듯이 사라져버렸고 동시에 그런 생각을 했던 내 스스로가 부끄러웠다. 숍에 들어가서 또 한 번 놀란 것은 진열되어 있는 모든 주얼리가 유럽의 주얼리와 비교해서 조금도 뒤지지 않을 만큼 아름답고 섬세하다는 것이었다.

이젠 내 일에 대한 새로운 걱정이 들기 시작했다. 이런 모던하고 세련된 스타일인 줄 알았더라면 이탈리아에서 조금 더 리서치를 해 오는 건데 준비 없이 왔다는 생각이 들었기 때문이다. 모로코 주얼리에 대해서 너무 안이하게 생각했나 싶어 부끄러워졌다.

벨카스는 내 짐을 가지고 어디론가 가기 시작했다. 내가 묵을 곳으로 짐을 옮겼는데 그곳은 호텔도 민박도 아닌 아주엘로스 사장의 집이었다. 숍과 같은 건물의 꼭대기 층에 있었다.

넓은 테라스가 있고 200평 남짓 되는 이 집은 카사블랑카 시내가 내려다보이는 좋은 위치였고 테라스에는 셀 수도 없을 만큼 많은 각종 선인장과 꽃나무들이 심어져 있었다.

그날의 이 주일간의 출장을 시작으로 어언 5년, 카사블랑카는 어느새 서울, 밀라노, 런던에 이어 나의 제4의 도시가 되었다.

아주엘로스의 빛

내 삶의 목적지는   A Stranger in

　밀라노 에우로페오 디자인학교의 졸업반 시절, 주얼리 프로젝트를 담당하던 여자 강사 '로레타'가 참 부러웠다. 여러 나라를 넘나들며 프리랜서로 활동하는 주얼리 디자이너였던 그녀는 내 미래의 모델이었다. 언젠간 나도 그렇게 일할 수 있는 유능한 디자이너가 되고픈 생각에 열심히 공부했다.

　졸업 후 소원은 이루어져 런던으로, 뉴욕으로, 이탈리아의 다른 도시로, 그리고 모로코로 출장을 다니며 일을 하게 되었다. 지금은 일 년에 5개월은 출장과 여행으로 보낸다. 특히 모로코 출장기간은 석 달이나 된다. 싱글이기 때문에 가능한 일이다.

　어떤 사람들은 내 삶의 방식을 부러워한다. 주얼리 디자이너, 밀라노 거주, 해외출장, 자유로운 시간…… 보이는 대로라면 화려한 삶이다. 하지만 외로울 때가 많다. 출장이 잦아 싱글의 영원한 동반자인 강아지도

Morocco

못 키우고 화분도 출장 때마다 목욕탕에서 반신욕 신세를 면치 못한다. 다행히 나에게는 외로움을 달래는 나만의 비결이 있다. 여행과 영화보기, 그리고 글쓰기다.

이탈리아 생활에 익숙해진 지 13년째다. 왜 나는 지금 이탈리아에 살고 있나?

일본으로, 또 독일로 유학가려고 언어까지 익혔지만 결국은 우연한 기회에 이탈리아로 결정했다. 3개월 후 인사말 정도만 겨우 할 수 있는 상태에서 유학길에 올랐고 생각보다 빠르게 적응했다. 재학 당시 불교신자였던 한 친구는 내가 전생에 이탈리아에 산 적이 있었기 때문에 말도 빨리 배우고 문화도 쉽게 받아들일 수 있는 거라고 했다. 하지만 하루 16시간 동안의 언어공부, 새벽 네시까지 준비하던 학교 프로젝트, 이탈리아

A Stranger in Morocco

학생들보다 두세 배 더 준비하던 숙제, 그리고 모자란 시간을 채워가며 주요 주얼리 전시회에 적극적으로 참여했던 나의 노력은 그 친구가 미처 보지 못한 부분이었다.

노력한 보람이 있어 100점 만점에 플러스를 받고 졸업은 했지만 바로 한국에 들어가려고 했던 계획이 IMF 때문에 무산되었다. 당시 금 모으기 운동을 하던 주얼리 업계에는 디자이너가 필요 없었기에 무조건 이탈리아에서 일을 찾아야 했다. 뜻이 있는 곳에 길이 있다고 졸업과 동시에 디자인 일을 하기 시작했다. 또 공모전이란 공모전은 무작정 지원했다. 솔직히 수상 자체보다 상금에 더 관심이 있었다. 그만큼 생활이 절박했다. 낙선한 적도 있지만 스와로브스키 공모전에서는 4등으로 입상하여 한 달 집세를 낼 상금을 받았다. 우스운 얘기지만 그때는 당선이 기쁘다기보다 1등을 못해 상금을 적게 탄 것이 속상할 뿐이었다. 또 모토로라에서 주관한 액세서리 공모전에서는 1등을 했다. 아쉽게도 이때는 상금 대신 핸드폰을 선물로 받았다. 이탈리아에서의 첫 핸드폰이었지만 나와 인연이 없었는지 3개월 후에 잃어버리고 말았다.

IMF 기간은 힘들었지만 재밌었다. 우리 속담에 "중이 제 머리를 못 깎는다"라는 말이 있지만 나는 일 년간 내 머리를 직접 잘랐다. 다행히 아무도 눈치 채지 못했다. 딱 한 번, 시상식에 참가하려고 미용실에 드라이를 하러 갔을 때 미용실 주인이 도대체 누가 머리를 이렇게 잘랐냐고 묻

기에 차마 내가 잘랐다는 말은 못하고 밀라노의 유명한 헤어 디자이너가 잘랐다고 둘러댔다. 하지만 그날 내 머리는 드라이를 한 것과 안 한 것이 크게 차이가 나지 않았다.

당시 차비를 아끼려고 자전거를 타고 다녔는데 운동한다 생각하며 힘든 줄 모르고 늘 신나게 페달을 밟았다. 점심과 저녁은 주구장창 감자요리였고 식사초대란 초대는 무조건 받아들였다. 천을 떠다가 밤새 손바느질로 만든 옷을 입고 나가면 밀라노 사람들은 "너 패션모델이지?"하고 묻기도 했다. 웃으면서도 씁쓸한 느낌이 드는 것은 어쩔 수 없었다. 궁색함을 보이고 싶지는 않았지만 당시 힘들었던 아버지 사업을 생각하면 낭비할 수 없었다. 한 달 80만 리라 당시 돈 50만 원로 집세 내고 생활했다.

다행히 일은 내 생활에 활력을 주었고 노력의 대가인지 좋은 회사에서 일을 할 기회들이 생겼다. 그리고 생활은 점점 나아졌다. 드디어 생계유지가 아닌, 정말 좋아하는 '디자인'을 할 수 있게 된 것이다.

밀라노에서 혼자 생활하는 나에게는 일이 없다는 것은 곧 귀국을 뜻한다. 그런데 일이 없어 한국에 들어가려고 마음먹을 때마다 새로운 일이 내 발목을 잡는다. 아직 밀라노에 더 있어야만 하는 운명인가 보다.

세르지와 파트릭 아주엘로스

아주엘로스 주얼리는 모로코 최고의 럭셔리 주얼리 브랜드이다. 프랑스의 카르티에나 미국의 티파니 등으로 볼 수 있을까? 비교한다는 것 자체가 모순이지만 모로코 어디에서도 이와 같은 주얼리를 만드는 회사는 없다. 난 아주엘로스 주얼리가 모로코의 럭셔리 브랜드 중의 하나라고 말하지만 모로코 사람들은 아주엘로스가 모로코의 '유일한' 럭셔리 브랜드라고 말할 정도다.

지금의 회사가 있기까지는 사장님의 아버지인 조셉 아주엘로스의 공이 크다. 팔십이 넘은 나이에도 불구하고 지금도 공장 책임자로 일

을 하며 여생을 즐겁게 보내고 있다. 지금은 첫째아들 세르지와 막내 아들 파트릭이 모든 사업을 받아 경영하고 있는데 세르지는 판매와 디자인, 광고 부문을, 파트릭은 제조와 기타 전반적인 업무를 책임지고 있다.

2004년부터 프랑스와 스위스의 시계 브랜드로렉스, 카르티에, 샤넬, 바슈롱 콩스탕탱, 제제 르 쿠튀르 등의 공식 판매업체로 지정되면서 회사의 규모가 점점 커지고 있다. 시계 덕분인지 주얼리의 판매도 예전보다 많아졌고 브랜드 네임의 인지도가 높아졌다. 세르지 사장이 있는 카사블랑카의 숍은 회사의 가장 중요한 수입원으로 하루 종일 손님들로 붐빈다. 주얼리 숍인지 슈퍼마켓인지 분간이 안 될 정도다. 경쟁사가 많은 상황에서도 사업이 번창하는 이유는 두 사장의 사업수단이 좋아서일 것이다.

아주엘로스 주얼리는 모로코에서 가장 큰 패션 행사인 카프탄Caftan 카프탄은 패션쇼의 이름이기도 하지만 매우 화려한 모로코 전통 의상의 이름으로, 한국의 한복처럼 중요한 행사나 파티 때 입는 옷을 말함의 공식 스폰서이기도 하다. 아주엘로스 주얼리는 매년 봄 마라케쉬에서 열리는 이 행사의 공식 스폰서로 얼마 전까지만 해도 모델들에게 주얼리도 착용시키고 유명인사들에게 대여하기도 했다. 하지만 분실과 훼손 위험 때문에 2006년부터는 스폰서만 하고 있다. 가끔가다 카프탄 스타일리스트들이 패션쇼 때 같이 일해보자고 제안을 하지만 아직 한 번도 실행에 옮긴 적은 없다.

아주엘로스 주얼리 스타일은 이탈리아식과 프랑스식의 모던하고 가벼운 것부터 아랍풍의 바로크한 것까지 다양한 스타일을 겸비하고 있다. 주얼리 컬렉션은 크게 여섯 개로 나뉜다. 손 형태 펜던트의 'KHMISSA' 컬렉션, 꽃 등의 자연을 주제로 한 'SPRING' 컬렉션, 컬러

스톤이 들어간 'IPANEMA' 컬렉션, 모던 클래식한 옐로 골드의 'BLOOMING' 컬렉션, 그리고 2007년 처음 발표된 'FIBULA' 컬렉션과 'VERY AZUELOS' 컬렉션이고 나머지는 클래식 제품으로 판매가 된다.

전시회를 통해 구입한 오버 사이즈의 귀한 보석들은 단일 작품으로 제작되는 경우가 많고, 숍에 내보내기 전 모로코 황실에 먼저 보내 왕족들에게 첫 선택권을 주기도 한다. 간혹 내가 디자인한 주얼리가 황실에 팔렸다는 소식을 들으면 가슴 벅찬 기분이 들고, 더 좋은 디자인을 해서 황실 주얼리를 내 디자인으로 채우고 싶다는 욕심이 나기도

한다.

  모로코의 결혼 시즌인 7월에는 아주엘로스 숍은 한시도 쉴 새 없이 붐빈다. 어떤 때는 한 무리의 여자들이 들어와서 이것저것 끼워보고 차보며 정신을 쏙 빼놓고는 아무것도 사지 않고 나가는 경우도 있다. 그럴 때마다 아주엘로스 사장은 싫은 기색 하나 없이 사람들의 요구대로 제품을 다 보여주고 가격을 설명해준다. 사람들은 보고 듣고 만져보고 착용해보고 나서는 그냥 돌아가버린다. 그러나 그냥 그렇게 돌아갔던 손님들이 며칠 만에 다시 돌아와서 이전에 골라둔 제품을 구입하는 것을 나는 여러 번 보았다.

  결혼 시즌 이외의 성수기는 밸런타인 데이가 있는 2월과 선물을 주고받는 12월이고 상대적으로 판매가 부진한 기간은 라마단 Ramadan 기간이다. 모두 단식을 하기 때문에 배고픈 사람들이 집에서 나오지를 않아 숍은 한산하다. 그러다 라마단의 마지막 주에는 단식에 지친 사람들이 찾아와서 그나마 좀 나아진다. 어쨌거나 성수기나 비수기를 떠나서 아주엘로스 숍은 항상 사람들로 북적거린다.

  현재 아주엘로스 주얼리의 숍은 카사블랑카에 한 곳, 라바트에 세 곳이 있고 앞으로 주요 도시에 몇 개의 숍을 더 열 예정이다. 당분간 외국으로 진출할 계획은 없지만 언젠가는 적어도 아프리카와 아랍 국가 등에서는 확고한 자리를 굳히는 세계적 브랜드로 성장할 것을 믿어 의심치 않는다.

핸드 메달과 밸런타인 데이

기독교인들의 십자가, 불자들의 부처님 메달, 장수하게 해준다는 거북이, 이탈리아인의 뿔이나 풍뎅이, 유대인의 다윗의 별여섯 개의 꼭지가 있는 별 등과 마찬가지로 이슬람교인들에게는 손 형태의 핸드 메달이 행운을 가져다주는 마스코트로 사용된다. '파티마의 손'으로 알려진 이 부적은 외부에서 들어오려고 하는 부정적인 것들을 막아주며 병을 치유하고 새 삶을 주는 신비한 힘이 있다고 믿는 데서 사용되기 시작했다. 핸드 메달은 대부분 주얼리로 만들고 그밖에 그림이나 집 안에 걸어 놓을 수 있는 장식품으로도 만든다.

내가 처음 카사블랑카로 디자인하러 갔을 때 아주엘로스 사장도 이미 몇 가지 디자인의 핸드 메달을 가지고 있었다. 다이아몬드가 박힌 것, 아무 장식도 없는 것, 크기가 다른 세 개의 손이 중첩되어 흔들리는 것 등 다양한 디자인의 메달이었다. 그중에서 확실히 다른 것과 구분되는 핸드 메달이 하나 있었다. 이 메달은 손바닥 부분에 하트를 넣고 고리로 연결한 것인데 하트와 손에 박힌 보석의 색을 달리해 변화를 주어 당시 가장 히트한 디자인이었다.

사장님은 이런 형태의 핸드

메달이 항상 필요하다고 하면서 새롭고 다양한 형태의 메달을 디자인 해보라고 했다.

새로운 것에 대해 항상 흥미를 느끼는 나는 그날 하루에만 약 열 가지의 핸드 메달을 디자인했다. 손의 형태는 항상 비슷했지만 얼마든지 다른 디자인이 가능했다. 어떤 때는 꼭 손의 형태가 아니더라도 손가락 다섯 개를 의미하는 메달들이 핸드 메달의 일종으로 변신하기도 했다.

약 넉 달 뒤에 다시 출장을 갔을 때 지난번에 했던 핸드 메달 디자인들이 제품으로 만들어진 것을 볼 수 있었다. 이것들은 그때나 몇 년이 지난 지금이나 꾸준히 팔린다. 광고의 영향 때문에 새로 나오는 제품들은 첫 출시 때 집중적으로 팔리지만 한 달 정도가 지난 이후에는 꾸준한 속도로 오랫동안 팔린다.

2004년의 밸런타인 데이인 2월 14일은 토요일이었다. 그 주에는 잡지에 광고로 나간 핸드 메달을 사려는 사람들로 더 북적거렸다. 밸런타인 데이 당일은 아침 열시에 문을 연 순간부터 오전 내내 이 메달

때문에 숍은 부부와 연인들로 가득 찼다.

공교롭게도 이날은 모로코와 말리의 축구시합이 오후 두시부터 있었다. 사장님은 이날 오후 장사가 안 될 것으로 보고 오후 세시까지 풀타임으로 영업을 하고 가게 문을 닫았다. 전반전에 모로코가 한 골을 먼저 넣었을 때 숍 앞의 큰길에는 흥분을 못 이겨 춤을 추는 젊은이들도 보였고 자동차 경적을 울리며 소리를 지르는 사람들로 인해 시내는 활기가 넘쳤다. 이런 신나는 분위기에 기분이 나쁜 사람이 한 명 있었으니 다름 아닌 아주엘로스 사장이었다. 판매가 가장 절정을 이루어야 할 밸런타인 데이에 축구 경기가 있으니 돈을 내야 할 남자들이 TV 앞에 앉아서 축구 응원하느라 나올 리가 없는 것이다. 다른 종목도 마찬가지지만 축구라는 스포츠는 좋아하는 사람은 미치도록 좋아하지만 싫어하는 사람은 축구공이 어떻게 생겼는지도 모른다. 사장님 역시 축구에는 아무 관심도 없는 사람이었기 때문에 이 날의 경기는 단지 사장님 사업에 방해가 될 뿐이었다.

네시가 조금 넘어 축구 경기는 아쉽게도 말리의 승리로 끝났다. 사장님은 축구의 결과에는 관심이 없었고 그때부터 테라스를 왔다 갔다 하더니 결국에는 오후 다섯시에 다시 숍의 셔터를 올렸다. 이미 진 축구 경기이고 아직도 세시간 정도는 문을 열 수 있으니 혹시라도 누군가가 숍에 들를지도 모른다는 것이 사장님의 생각이었다. 그리고 그 예상은 맞아떨어져 몇 커플에게 물건을 팔 수 있었다.

이슬람교를 믿는 모로코 사람들에게 성 밸런타인 데이는 의미 없는

날인지도 모르겠다. 하지만 사장님의 광고를 접하는 사람, 특히 여성들은 이날이 사랑하는 사람으로부터 선물 받는 날이라는 것만큼은 확실하게 인식하고 있다.

핸드 메달은 아주엘로스 주얼리의 한 컬렉션으로 자리 잡았다. 전에는 서너 가지 정도의 디자인으로 만들어 메달의 일부로 판매했다는데 지금은 백 가지가 넘는 디자인을 갖춘 하나의 컬렉션으로 자리 잡았다. 다섯 개에서 열 개만 팔려도 성공한 디자인이라고 했던 것이 이제는 한 디자인당 100점이 넘게 판매가 되고 있으니 컬렉션으로 자리 잡을 만한 가치가 있는 품목인 것이다.

밸런타인 데이에 광고되는 핸드 메달은 대부분 하트와 함께 디자인 된다. 사랑을 뜻하는 하트와 보호를 의미하는 핸드 메달의 의미를 함께 부여하기 위해서다. 광고용 핸드 메달 디자인은 보통 6개월 전에 하게 되는데 제작 기간과 사진 촬영 기간, 광고 제작 기간이 그만큼 걸리기 때문이다.

우리는 매년 새로운 핸드 메달의 성공적인 판매를 기대하고 있다. 그렇게 많은 디자인을 했는데도 새 아이디어가 나오는 것은 유행이 바뀌고 시장의 요구가 변화하기 때문이다. 그리고 그중에서도 광고용으로 사용되는 메달은 우리에게 확신을 주는 제품이고 대부분 실망시키지 않는다.

그런데 광고에 사용된 핸드 메달은 도매 시장의 잡다한 공장들이 대량으로 복제를 한다. 광고를 내보낸 후 몇 달만 지나면 메디나의 주얼리 시장에서는 우리 디자인에 큐빅을 박은 핸드 메달을 쉽게 찾아볼 수 있다. 재미있는 것은 이 메달들의 크기가 광고지에 실린 사진의 크기와 똑같게 크게 제작된다는 것이다. 광고에 실린 제품 크기를 우리 제품의 실제 크기로 착각한 것일까? 아니면 큐빅을 사용한 가짜이기 때문에 일부러 크게 만든 것일까? 궁금하지만 알 수는 없다.

2007년 밸런타인 데이에는 세 개의 핸드 메달이 동시에 광고로 나갔다. 광고가 나가자마자 문의 전화가 빗발쳤고 핸드 펜던트는 빠른 속도로 팔려나갔다. 그런데 몇 주가 지나자 판매가 갑자기 저조해지기 시작했다. 알 수 없는 일이었다. 가격도 딱이고 디자인도 좋은데 판매가 뜸해진 것이다.

얼마 지나지 않아 그 이유를 알 수 있었다. 경쟁사의 누군가가 우리 숍에 손님으로 가장해 들어와 오리지널 핸드 메달을 사서 똑같이 복제한 후 다이아몬드 대신 큐빅을 박아 저렴한 가격으로 메디나 시장에 뿌리기 시작한 것이다. 이제는 광고를 보고 만드는 것을 넘어서 아예 물건을 구입해 고무틀을 만들어 똑같이 제작한 것이다. 우리를 보호해야 할 핸드 메달이 우리를 지켜주지 못했다고 생각할 수도 있다.

이 사건은 우리에게 큰 충격을 준 동시에 중요한 문제로 떠올랐다. 그때까지는 메디나에 가서 우리 제품과 비슷한 것들을 보면 그냥 웃고 지나치곤 했는데 이때에야 비로소 스스로를 보호해야겠다는 생각

을 가지게 되었다. 그 후로 아주엘로스 주얼리^{특히 광고나 잡지에 나가는 모든 제품}는 모두 디자인 특허권을 받기 시작했다.

어찌 보면 문제의 핸드 메달은 앞으로 더 커질 수 있는 다른 문제를 미리 막아준 것이다. 그렇다면 이 핸드 메달은 자신의 역할을 다한 셈이다.

나도 내가 디자인한 핸드 메달을 하나쯤 구입해볼까? 어려운 일이 있거나 아플 때 이 신비한 손의 힘이 나를 지켜주지 않을까?

아니면 내가 믿는 그분이 '어리석은 성희!'라고 혼내실까?

아주엘로스 사장

세르지 아주엘로스 사장은 유대인이다. 스페인에서 살던 조상들이 1500년대 유대인 박해 때 가톨릭으로 개종하지 않고 모로코로 이주했고 그때부터 모로코의 유대인으로 지내고 있다. 스페인계 아버지와 프랑스계 어머니의 사이에서 태어난 사장님은 스스로를 프랑스인도, 스페인인도 아닌 '모로코의 유대인'이라고 지칭한다.

그는 프랑스에서 치과 대학을 졸업한 후 15년 동안 치과 의사로 일했다. 그러다가 90년대 초반에 아버지의 권유로 모로코 카사블랑카로

돌아와 지금의 숍을 열고 집안 대대로 50년 넘게 해온 주얼리 사업에 동참하게 되었다.

치과 의사가 어떻게 주얼리 숍 사장이 됐을까. 처음에는 참 의아했다. 그러나 몇 년간 지켜본 그의 사업 수완으로 보아 치과 의사보다는 주얼리 사업을 하는 것이 훨씬 더 잘 어울린다는 생각이 든다.

사장님은 거의 대부분을 카사블랑카의 숍에서 보낸다. 일 년에 세 번 이탈리아의 비첸자와 스위스의 바젤에서 전시회가 열리는 동안만 일주일씩 자리를 비우는데 이때는 파리에 사는 큰딸과 라바트에 사는 어머니가 카사블랑카로 내려와 사장님의 빈자리를 메운다.

사장님은 전시회 기간에 새로운 유행 경향을 조사하고 원석을 사고 제품을 구입한다. 매달 바뀌는 잡지 광고 시안도 직접 관리하고 한 달에 한 번 정도는 공장을 방문해서 제품들의 작업 진행 과정을 컨트롤한다. 그럴 수밖에 없는 것이 가끔 가다 공장에서 말도 안 되는 실수를 해서 사장님을 화나게 하는 경우가 있기 때문이다. 처음에는 제대로 만든 디자인이 두 번째 만들 때는 엉뚱한 형태로 나오는 경우라든가, 디자인을 준 지 몇 달이 지나도 제품으로 나오지 않는 경우, 모델을 만들어 보냈는데도 감감무소식인 경우 말이다. 그 외에도 소소한 실수들이 가끔 일어나는 바람에 직접 챙길 수밖에 없다.

숍에서 손님들 대하는 것만도 힘든데 다른 일들까지 맡아 하려니 그의 스트레스는 이만저만이 아니다. 게다가 매장 직원들과 공장 직원들은 하나부터 열까지 사장님의 결정에 따라 움직이기 때문에 하

루 종일 그의 뒤를 졸졸 따라다닌다. 이렇게 쌓인 사장님의 스트레스는 가끔 한번씩 큰 소리가 나며 폭발한다. 그런데 참 신기하게도 화가 나서 버럭 소리를 지르다가도 언제 그랬냐 싶게 금방 평소의 상태로 돌아오곤 한다.

그는 하루 24시간 중 약 12시간은 말을 하면서 보내는데 그중의 반은 전화 통화이다. 핸드폰, 일반 전화 할 것 없이 전화 없이는 살 수 없는 사람 같이 보인다. 대부분은 사업 관련 통화고 친구들과의 대화도 자주 있다. 그 전화 통화 때문에 짜증이 날 때도 있다. 시도 때도 없이 걸려오는 전화 때문에 디자인에 대해서 의논을 하다가도 마냥 기다려야 하기 때문이다. 어쩌다 손님이 없을 때 사장님과 디자인에 대해 얘기하고 있으면 어김없이 전화가 걸려 오고 긴 시간 전화를 받다 보면 그는 나와 하던 일을 잊어버리고 손님들에게 가버리거나 다른 일에 매달려 버린다. 그럴 때마다 나는 '그럼 그렇지' 하며 시큰둥해진다.

예전에 숍의 위층에서 디자인을 할 때는 내가 필요한 일이 있을 때마다 사장님이 번개같이 뛰어 올라왔다. 누가 사장이고 누가 디자이너인지 알 수 없을 정도였다. 그렇게 금방 올라와 주는 사장님이 고마워서 열심히 얘기하다 보면 또 어김없이 전화가 와서 대화가 중단되곤 했다.

집에서도 마찬가지다. 밥을 먹으면서도 전화를 붙잡고 있는 적이 많다. 숍에서 하루 종일 시끄러운 음악소리와 전화소리 등에 시달리

는 나는 식사 시간만이라도 조용히 밥만 먹었으면 해서 슬그머니 자리를 피해버리거나 수저를 놓고 전화가 끝날 때까지 사장님을 쳐다보곤 한다.

전화를 하지 않을 때는 자녀들과 대화를 한다. 학교에서 무슨 일이 있었는지, 오후에는 무슨 과외수업을 받으러 갈 건지 등을 묻곤 한다. 고교생인 막내아들이 어쩌다가 시험 점수를 잘 못 받아 오면 밥을 먹다가도 체할 지경으로 큰 소리가 난다. 성적표를 복사해서 사방에 붙인다고 으름장을 놓으면 막내아들은 얼른 자기 방으로 숨어버린다. 다소 엄하긴 해도 그는 자식들을 위해서는 무엇이든 할 준비가 되어 있는 사람으로 보였다.

아이들과 대화를 하지 않을 때는 거실의 소파로 가서 TV를 보며 잠을 청한다. 세상 만사 다 귀찮다는 듯한 모습이다. 그러다 전화가 오면 어쩔 수 없다는 듯이 받고 다시 말을 하기 시작한다. 도대체 그는 하루에 몇 만 단어나 말할까.

사장님은 나에게 항상 호의적인 태도로 잘 해주었다. 나를 능력 있는 디자이너로 인정하는 것은 물론 믿을 수 있는 친구로서 대해준 것이다. 내가 아무리 짜증을 내도 사장님은 다 받아 주는

데 큰 소리로 싸운 적도 적잖이 있다. 모두 문화의 차이었다. 그래도 항상 먼저 사과하는 것은 사장님이다.

어느 날 저녁 난 사장님에게 왜 내가 그렇게 화를 내도 사장님은 화를 안 내냐고 물었다. 사장님은 자신이 평화주의자_{이름하여} Peace Man이기 때문이라고 했다. 자신은 화를 내는 것이 싫다는 것이다. 일 때문에 화를 많이 내는데 다른 것에까지 그러고 싶지 않다는 것이다.

2005년 큰 말다툼 후 사장님은 나에게 각서를 하나 쓰라고 했다. 한국말이건 영어건 상관없고 나 자신이 알아볼 수 있는 언어로 '앞으로 화내지 않기로 약속한다'라는 각서를 쓰라는 것이었다. 각서를 써 놓으면 내 말에 대한 책임을 져야 한다고 생각할 테니 내가 화를 내지 않을 테고 그래도 만일 화를 내면 각서를 내게 보여주며 내 기억을 상기시킬 거라고 했다.

난 그가 시키는 대로 각서를 썼다. 한국말로 '약속할게요, 성희'라고 써서 팩스로 보낸 후 원본은 밀라노의 내 책상 위에 붙였다. 내가 한 약속을 지키기 위함이었다. 그리고 일 년쯤 뒤, 무슨 일 때문인가로 화를 냈더니 그는 당장에 나를 데리고 자기 방으로 들어가서 옷장 깊숙이 붙여 놓은 각서를 보여주며 "성희, 나한테 화내지 않기로 약속했잖아!"라고 말하는 것이었다.

그것을 옷장 안에 붙여 두었으리라고 누가 상상이나 했을까? 놀랍기도 하고 미안하고 당황해서 당장에 사장님의 손을 잡고 사과를 했다. 그리고 누가 먼저라 할 것 없이 웃기 시작했다.

아주엘로스 사장은 사람의 내면을 들여다보는 직관력이 뛰어나다. 그래서 가끔 겁이 난다. 그런 사람이 나를 만난 첫 해에 나를 '조개'라고 불렀다.

"내가 왜 조개냐?" 하고 심통이 나서 묻자 그가 대답했다.

"기분이 좋을 때는 입을 열고 웃고 종알거리다가도 기분이 나쁘면 조개처럼 입을 꼭 닫아버려서 아무리 밖에서 열려 해도 네 스스로 열지 않는 한 아무도 열 수 없기 때문이야. 그래서 넌 조개야."

기분 좋은 별명은 아니다. 게다가 설명까지 듣고 보니 더 창피했다. 나를 정확하게 파악하고 그것을 솔직하게 이야기해서 나를 꼼짝 못하게 만들었으니까. 내가 아무 말이 없자 사장님은 한 마디를 덧붙였다.

"대신 넌 안에 큰 진주를 가지고 있어. 흑진주."

병 주고 약 주는 셈이었지만 우리 부모님 이외에 나를 이렇게 표현하는 사람을 만난 적이 없다. 그 별명은 약 이 년간 지속되었고 내가 입을 다물 때마다 조개라고 불러 약을 올렸다.

각서를 받은 후 얼마 동안은 별명을 부르지 않더니 2007년부터는 나를 '요요'라고 부르기 시작했다. 왜냐고 물으니 그건 내가 기분이 좋을 때는 구름 위로 날아갈 듯하다가도 갑자기 저기압이 되면 땅으로 뚝 떨어지기 때문이란다. 올라갔다 내려갔다를 반복하니 요요라는 것이다. 어렸을 때부터 한 번도 별명이라고는 가져본 적이 없는 내가 같은 사람으로부터 두 개의 별명을 얻게 된 것이다.

"우리 인생에 있어서 가장 중요한 것은 건강이다"가 사장님의 철학

이다. 건강하지 않으면 부도 명예도 소용없다는 것이다. 아침에 일어나 숨 쉬고 걸을 수 있으면 밤새 '안녕히' 잔 것에 대해 신에게 감사해야 한다고 한다. 그리고 보면 우리나라의 인사말이 이 사장님의 철학에 가장 잘 들어맞는 것이다. '좋은 아침Good Morning'보다 '안녕히 주무셨어요'가 상대방의 안부를 묻는 가장 정확한 표현이 아닌가!

그는 내가 클래식 음악을 듣고 있으면 머리가 아프니 끄라고 하고 고전 소설이나 예술 방면에는 흥미가 없어 보이지만, 누구보다 사려 깊고 남을 배려할 줄 안다. 언제나 나를 인정해주고 내 편을 들어주는 사람이 있다는 것은 일을, 사회생활을 즐겁게 만들어준다.

나는 이런 사장님을 존경하고 그의 삶의 태도를 따라가려고 노력한다. 그렇지만 단 하나, 500년 이상을 이슬람 국가 속에서 살아오면서 그 조상들로부터 물려받은 '유대인적'인 삶의 방식은 내가 아무리 노력해도 공감하기가 어렵기만 하다.

매직 링

어느 일이든 어려움은 있다. 하지만 디자인이라는 것은 새로운 것을 창작해내야 하는 일이기 때문에 아이디어가 떠오르지 않을 때면 여간 스트레스를 받는 게 아니다. 게다가 팔리는 상업적인 디자인을 해야 하기 때문에 아무리 새롭고 훌륭한 작품이라 생각되더라도 손님들의 마음에 들지 않으면 금고 속에 남아 있는 천덕꾸러기 신세가 된다. 그래서 디자인을 할 때마다 제품 가격과 시장 흐름을 생각하고 또 생각해야 한다.

2003년 가을, 3주 동안 카사블랑카로 두 번째 출장을 갔다. 첫 출장 때 했던 나의 디자인들이 실물로 제작되어 진열되어 있었다. 이들은 대부분 아르 데코Art Deco 1920~1940년대의 스타일 가 특징이다. 아르 데코 스타일의 반지와 메달, 부적으로 사용되는 손 형태의 핸드 메달, 그리고 다이아몬드가 많이 박힌 큼직한 목걸이들이었다. 뿌듯한 기분이 들었다.

사장님은 그중에서 반지 하나를 꺼내 개인적으로 가장 잘 되었다고 생각하는 반지라며 책상 위에 두고 보며 참고하라고 했다.

반지는 묵직했다. 우리나라와 이탈리아의 주얼리들은 가격을 좌우하는 금의 무게를 줄이기 위해 속을 파내어 가볍게 만드는데 이 사장님은 속이 꽉 찬 반지를 만들었다. 모로코 사람들은 묵직한 것을 좋아하기 때문이란다. 그리고 이것은 프랑스 주얼리와 많이 비슷하다.

난 반지를 껴보았다. 내 디자인이 실물로 제작된 것을 접하는 것은 항상 기분 좋은 일이다. 막 태어난 아기가 어떻게 성장해갈까 궁금해

하는 부모의 심정이랄까. 하긴 이탈리아의 한 사장님은 새 물건이 나올 때마다 내게 "네 애기가 탄생했다"고 말하며 자신이 만든 주얼리는 다 자기 자식이라고 했었다.

반지는 내 손가락 위에서 더 빛이 나는 것 같았다. 디자인을 하다가도 자꾸 반지로 눈이 갔다. 안 되겠다 싶어 반지를 빼 옆에 두었다.

앞에서도 잠시 말했지만 디자인이라는 것이 잘 되는 날도 있고 아무 생각도 나지 않는 날도 있다. 그런데 이상한 것은 아무 생각이 나지 않을 때 사장님이 두고 간 이 반지를 만지작거리고 있다 보면 새로운 아이디어가 떠오르는 것이었다. 그 후로 난 이 반지를 매직 링이라고 불렀다.

퇴근할 때는 반지를 금고 안에다 넣었다. 다음 날 출근하면 잊어버리고 있다가 새 디자인이 잘 떠오르지 않을 때면 진열장에 놓여 있는 '매직 링'을 꺼내 와 잠시 끼고 있는다. 그러면 또 새로운 아이디어가 마술처럼 떠오른다. 기분 탓이리라고 생각하지만 그래도 이상한 것은 사실이었다.

출장의 마지막 주는 참 힘들었다. 스트레스를 많이 받았고 게다가 파리에 사는 사장님의 딸에게 필요한 은 주얼리의 디자인까지 하느라 퇴근 후 집에서도 디자인을 했다.

떠나기 전날 모든 일을 마치고 이번에 와서 그린 100점 정도의 디자인을 모은 한 권의 파일을 제출했다. 파김치가 되어 어찌할 줄 모르는 나에게 사장님은 수고했다고 하면서 자기가 마련한 선물이 있다고

했다. 그리고 주머니에서 꺼낸 것은 바로 나의 '매직 링'이었다.

그 반지를 보자마자 난 울음이 터져버렸다. 그동안의 긴장이 한꺼번에 풀린 것일까. 사장님은 내가 열심히 일해줘서 고맙고 이 반지가 언제나 나의 곁에서 디자인 창작에 마술을 부려줬으면 한다고 말했다.

그날부터 이 '매직 링'은 내 손에서 반짝거리고 있다. 반지를 낄 때마다 새로운 힘이 솟는 것 같다.

미치고 팔짝 뛸 노릇

/

"이게 뭐야?"

어이가 없어 나온 첫마디다. 10캐럿이 넘는 자수정의 아랫부분이

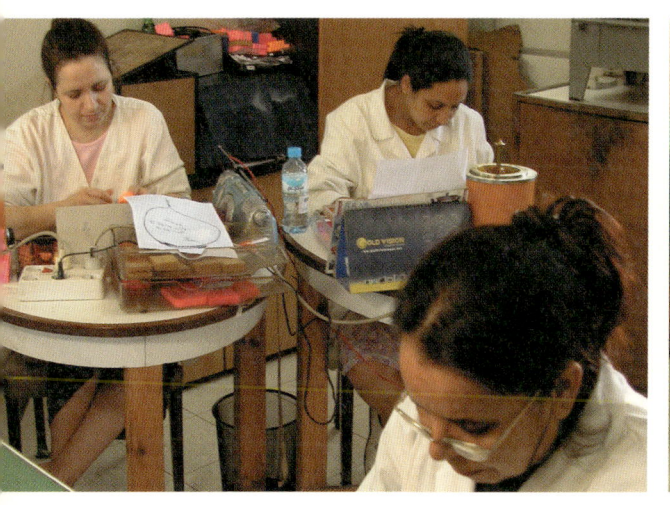

버젓이 위로 물려서 숍에 도착한 것이다.

일반적으로 보석은 상부면이 편평하게 깎이고 아랫부분이 뾰족하게 깎인다. 이유는 여러 가지가 있는데 무엇보다 빛을 잘 반사시켜 보석이 반짝거리게 하는 것이 가장 큰 이유고 컬러 스톤의 경우는 색상이 더 진해지기 때문이다.

이 문제의 보석은 상부면이 둥글게 연마된 후 반짝거리도록 면 전체를 삼각형의 작은 면으로 깎은 일명 'Check a Board'라는 절단방식이 사용되었다. 처음 보는 연마 형태여서 그랬을까? 아니면 보석을 물린 사람이 하필 그때 제대로 분별을 못한 것일까? 보석은 위아래가 뒤집힌 상태로 반지의 중앙에 올려져 있었다.

문제는 이 보석이 거꾸로 물린 것을 알아차린 사람이 나 하나뿐이

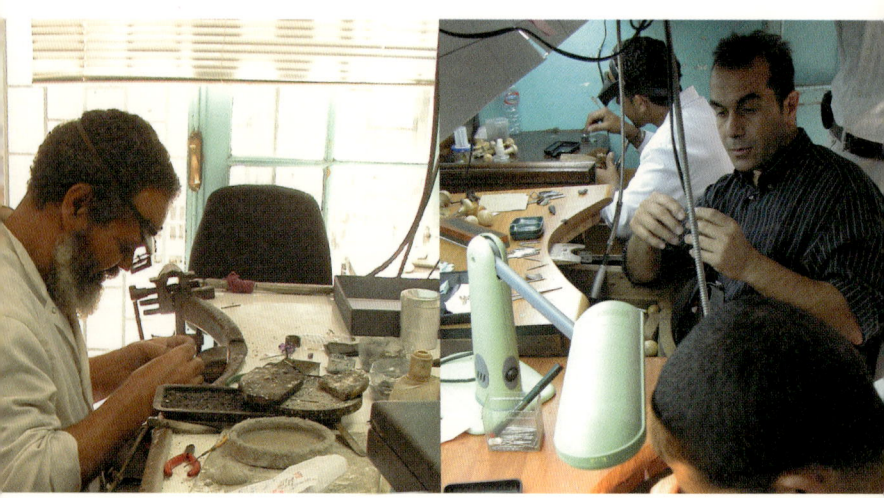

고 이 어이없는 사건에 대한 반응이 "그래도 예쁜데 뭐. 신경 쓰지 마"라는 것이다.

그리고 이 황당한 제품은 대표 상품의 하나로 채택되어 기사용으로 사진도 찍었다. 그리고 팔리기까지 했다.

어떤 종류건 간에 황당한 사건은 자주 일어난다. 모로코에서뿐만이 아니라 이탈리아나 한국의 회사들도 가끔 실수하는 부분이 있다. 하지만 브랜드 회사에서는 절대로 일어나서는 안되는 일이다.

일 년에 세 번, 갈 때마다 한 달씩 머물다 오지만 그때마다 웃지도 울지도 못할 크고 작은 사건이 터진다. 그렇다면 내가 갈 때만 사건이 생기는 것인지 아니면 평소에도 생기는데 모르고 지나가는 것인지는 알 수 없는 노릇이다.

2

2006년 여름 KBS 전주 방송국에서 이탈리아 주얼리 회사 촬영을 왔을 때 일주일간 도와준 적이 있다. 그중 한 회사로부터 고마움의 표시로 하트가 중앙에 자리 잡은 체인팔찌를 선물로 받았다. 가볍지만 풍부하게 사용된 체인이 반짝거려 귀티가 났기 때문에 소중히 여기며 매일 차고 다녔다.

그해 가을 카사블랑카로 다시 출장을 떠났다. 며칠이 지나 내 팔찌가 아주엘로스 사장의 눈에 띄었다. 어디 한번 보자 하길래 자랑스럽게 보여주었다. 사장님은 팔찌가 마음에 쏙 든다며 사람들의 반응을

보고 싶으니 다음 출장 때까지 자기에게 놓고 갈 수 있는지를 물었다. 그다지 내키지는 않았지만 그래도 기분 좋게 풀어 주었다.

밀라노로 돌아온 후 얼마 지나지 않아 사장님으로부터 같은 형태의 팔찌를 하트 대신 핸드가 중앙에 들어간 것으로 몇 점 디자인해달라는 연락이 왔다. 중요한 고객이 팔찌가 정말 예쁘다고 하면서 이렇게 제작해달라는 주문을 했다는 것이다.

기분이 좋았다. 내 팔찌를 놓고 온 것은 섭섭했지만 그래도 손님들로부터 반응이 좋으니 팔찌를 받은 회사에 주문을 넣어 같은 물건을 받거나 아니면 체인을 따로 사서 우리 디자인으로 제작하면 되겠다는 생각이 들었다. 일주일 만에 대여섯 개의 디자인을 보냈고 사장님은 손님이 선택한 하나를 만들어 즉시 팔았다.

그로부터 한 달이나 지났을까, 사장님은 하트가 들어간 오리지널 팔찌를 200개 주문하고 싶어 했다. 그렇다면 제품 사진을 찍어 보내달라고 했다. 그 팔찌는 선물로 받은 것이어서 코드 넘버를 몰랐기 때문에 사진이라도 있어야 주문이 가능했기 때문이다.

그 다음 날 사진을 받았다. 사진은 하트 부분은 보이지도 않고 체인도 한쪽만 찍힌 것이었다. 제품 구분이 안 되기에 전체 사진을 다시 한 번 보내달라고 했다. 다음 날 똑같은 사진이 다시 도착했다. 난 어이가 없어 당장 전화를 했다.

"비서가 똑같은 사진을 두 번이나 보냈는데 나한테 필요한 것은 전체 사진입니다. 다시 찍어서 보내달라고 하십시오."

그랬더니 사장님은 잠시 잠자코 있다가

"성희, 사실은 그 팔찌가 더 이상 없어서 사진을 찍을 수가 없어."

무슨 소리? 무슨 말이냐고 되묻자 사장님은 미안한 기색이 가득 한 음성으로 이렇게 말했다.

"전에 네가 디자인한 팔찌를 만들 때 똑같은 체인도 없고 어떻게 만드는지 몰라 공장에서 어쩔 수 없이 네 팔찌를 부숴서 새것으로 만들어 팔았어. 네가 받은 사진은 그 전에 찍어둔 유일한 사진이야."

세상에! 입이 쩍 벌어져서 다물어지지도 않았다. 선물로 받은 팔찌를 손님을 위해 내 동의도 없이 사용하다니.

"그러니까 그 회사에 연락해서 이백 개 주문하고 팔찌가 도착하는 즉시 네게 하나 줄게."

하지만 그 팔찌는 다시 받지도 보지도 못했다. 이 회사는 많은 양의 주문을 받는 회사여서 우리가 주문한 200개는 제작할 가치도 없는 적은 수였기 때문이다. 6개월을 조르고 떼쓰고 협박도 해보았지만 결국은 소용없는 일이었다.

난 사실 팔찌를 못 받게 되어 섭섭한 것보다 내 물건을 허락도 없이 마음대로 사용한 회사에 대해 너무나 화가 났다. 내 것은 내 것이고 네 것도 내 것이다? 그 후로 가끔 사장님에게 얘기를 하면 "나중에 다른 것으로 줄게"라고 말해 얼른 문제를 피해가기는 하지만 아직까지 '다른 것'이라고는 받아보지 못했다. 속상한 일이다.

3

내 디자인은 가끔 모로코 내에서 해결할 수 없는 것들도 있다. 제작 면에서라기보다 해석하는 방법, 기본이 되는 샘플 부분에서의 문제다. 그때는 이탈리아의 샘플 제작자들에게 의뢰하는 경우가 대부분이다.

그런데 이렇게 큰돈을 주고 만들어 온 샘플들이 빛을 보지 못하는 경우가 있다. 일단 샘플을 받아도 그것을 어떻게 조립해야 하는지 몰라 버려지는 것도 있고 샘플이 이탈리아에서 제작되는 동안 공장에서 더 빨리 만들어서 제품으로 출시해버리는 경우도 있다. 이유는 외부에서 들어오는 것을 받아들이기에는 공장 책임자인 사장님 아버지의 자존심이 너무 강하기 때문이다. 결국은 새로운 디자인도 샘플로 만들어보지 않고 곧장 금제품으로 만들어 수입하기에 이르렀고 그 일의 책임이 나에게 떨어졌다.

주얼리에 물릴 보석을 취급하는 것도 문제다. 보석은 사무실에 두고 내가 갈 때마다 필요한 것을 보내는데 특히 핸드 메달에 사용되는 보석은 크기와 모양이 다양해서 그때마다 디자인과 보석을 일일이 따로 보낸다.

사장님은 이제까지 보낸 컬러 스톤 핸드 메달은 큰 인기를 얻어 만드는 즉시 팔렸다고 했다. 몇 점이나 팔았냐고 물으니 셀 수도 없지만 보낸 것은 다 만들어서 팔았다고 했다. 그렇게 잘 된다니 기분이 좋았다.

2007년 여름, 수도 라바트에 있는 공장에 다녀오게 되었다. 어떤 제

품이 신제품으로 준비 중인지, 제작 중인 물건은 어떤 것인지를 알아보기 위해서였다. 새로 온 여직원이 내가 보내는 모든 디자인과 보석을 자기가 관리한다며 자랑스레 파일을 열어 잘 정리된 내용물을 펼쳤다.

그런데 그 순간 나는 이제까지 보낸 모든 핸드 메달 디자인과 보석들이 파일 안에 너무나 잘 정돈이 되어 있다는 사실을 발견했다. 그러니까 보석이 많이 들어간 핸드 메달들은 빛조차 보지 못하고 파일 안에서 잠자고 있었던 것이다. 그것도 모른 채 사장님은 보내는 족족 다 만들어져서 팔렸다고 믿고 있으니 어찌 이런 문제가 생기는 것인지 도무지 알 수가 없다. 이렇게 빛을 보지 못하는 디자인과 샘플들, 보석 들이 얼마나 많은지 상상도 하고 싶지 않다.

4

이렇게 이해가 안 되는 일은 회사 내부에서만 일어나는 것이 아니고 종종 외부 협력 회사들도 한몫을 한다.

모로코는 제품의 금 함량 표시를 나라에서 한다. 물건이 완성되면 정부에서 주관하는 주얼리 관련 사무소로 가져가 함량을 확인하는 도장을 찍는데 이 도장은 책임자가 내키는 곳에 마음대로 찍기 때문에 가끔가다 제품의 상면에 무늬가 찍힌 것을 보게 된다. 내 매직 링도 반지의 외부 아랫면에 도장이 찍혀 약간 패인 자국이 있다.

2007년 12월에 광고로 들어간 펜던트의 경우는 마음이 아플 정도

다. 멀쩡하게 출고된 펜던트는 제품 아래의 금 부분에 함량 표시 도장이 회사의 마크처럼 찍힌 상태로 돌아왔다. 회사 사람들이 아무도 눈치 채지 못하다가 런던 슈팅 후에야 사진을 통해 발견했으니 이젠 어쩔 도리도 없다.

  미치고 팔짝 뛸 에피소드는 이 밖에도 많이 있지만 여기서 끝을 내야 할 것 같다.

슈팅! 슈팅! 슈팅!

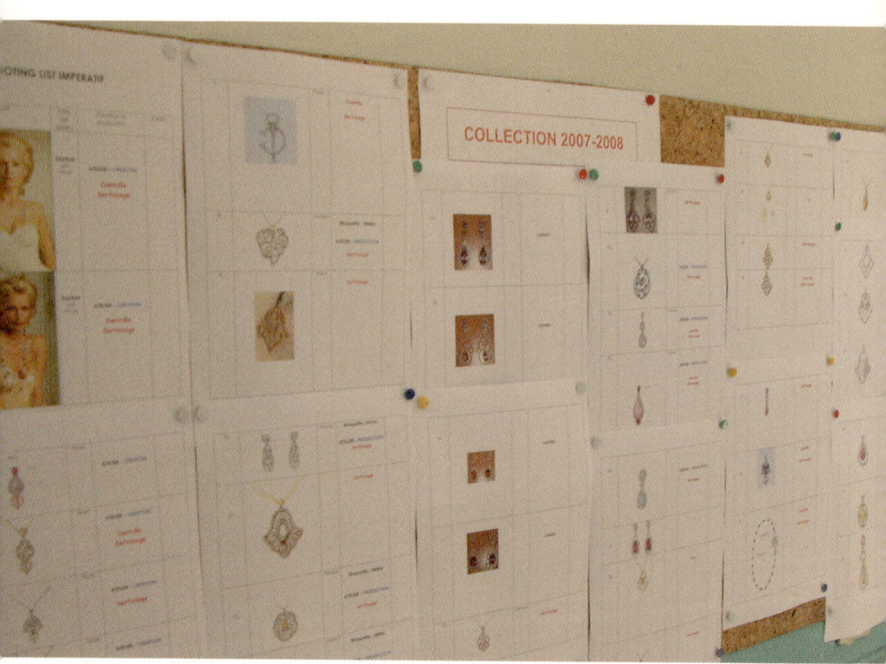

2007년 여름까지만 해도 아무도 쓰지 않던 '슈팅Photo Shooting'이란 말이 이제는 듣기조차 지겨운 말이 되어버렸다. 원인이 나에게 있으니 할 말은 없다.

2006년 가을, 런던에 사는 사장님의 큰아들 세바스티안이 현지에서 주얼리 사진만 전문으로 찍는 사진작가를 찾아냈다. 그때까지는 카사블랑카에서 활동하는 프랑스 사진작가에게 의뢰하여 잡지 광고용 사진만 찍었는데 회사의 이미지가 중요해지면서 잡지 광고뿐 아니라 마케팅과 홍보에 쓰일 사진이 필요해졌고 기존의 사진작가가 우리의 요구를 충족시켜주지 못한 이유도 있었다.

새로 찾은 런던의 사진작가에게서 얻은 제품사진은 최상의 것이었고 이미지들은 2006년 12월부터 광고용으로, 잡지 부록용으로, PR용으로 다양하게 쓰였다.

2007년 여름 출장의 마지막 날 난 한 달 동안 디자인한 제품을 토대로 30점 정도의 '슈팅 리스트'라는 것을 만들었다. 이미 내년 2월의 밸런타인 데이를 겨냥해 출시될 핸드 메달의 디자인이 나온 상태였고 12월의 선물시장에 사용할 디자인도 준비가 되었기 때문에 공장 가동에 박차를 가하기 위해 꼭 제작해야 할 제품의 리스트를 만든 것이다. 디자이너의 관점에서 보았을 때 히트상품으로 만들 수 있을 거라는 확신이 있는 디자인과 회사 이미지를 살려주는 디자인을 먼저 계획적으로 제작하는 것이 목적이었다. 그리고 출시되자마자 사진도 찍기 전에 팔리는 신제품들이 있기 때문에 신제품은 무조건 다 사진을 찍어두려는 의도도 있었다. 리스트에 올라가 있으면 적어도 미리 판매하는 일은 없을 것으로 생각했기 때문이다. 이유야 어쨌건 간에 이 리스트는 회사 역사상 획기적인 것이었다. 한정 기간 내에 꼭 제작해야

할 제품들이 공장에 숙제로 주어진 것이다.

그 후로 사장님과 큰아들은 '슈팅'을 위해 공장에 압력을 가하기 시작했다. 한마디로 슈팅을 위해 물건을 제작하는 것 같았다. 말의 시작이 슈팅으로 시작되어 슈팅으로 끝나곤 했다.

"슈팅 날짜가 언제지? 슈팅에 필요한 물건은 어느 정도 완성이 되었는데 네가 책임지고 있는 이탈리아 회사 물건도 슈팅 리스트에 넣어야 하는데 그것들은 언제 도착하지?" 등 한 문장 안에 슈팅이 여러 번 오르내렸다. 전 같았으면 "이번에 제작된 물건 중에 이 반지가 마음에 들어 광고용 사진을 찍고 싶은데, 네가 책임지고 있는 이탈리아 회사 물건들도 괜찮으면 다음 잡지에 실을 수 있도록 한두 컷 찍어보자"라고 했을 것이다. 그런데 이 '슈팅'이라는 매력적인 영어가 '사진' 내지는 '찍자'라는 말로 바뀌어버린 것이다.

슈팅 리스트의 효과는 대단했다. 공장은 스트레스는 받았지만 흥이 나서 일을 하기 시작했고 한 제품이 완성될 때마다 보고를 해왔다. 사진에 찍힐 첫 제품들은 하나에서 열까지 정성 들여 제작되

었고 가장 연륜 있는 조각가가 다이아몬드를 박았다. 결과가 좋은 이상 앞으로도 계속해서 슈팅 리스트를 만들어야 하겠다는 생각이 들었다. 그리고 촬영 날짜가 코앞으로 다가왔다.

런던 슈팅과 파리 슈팅

공장 관리부 여직원과 함께 런던 히드로 공항에 내린 시간은 오후 다섯시. 11월 초의 런던은 이미 초겨울이었다. 25도를 넘는 카사블랑카의 따뜻한 햇볕이 갑자기 그리워졌다.

공항에는 내 이름이 적힌 플래카드를 든 인도인 택시기사가 우리를 마중 나와 있었다. 슈팅을 위해 가지고 간 주얼리 때문에 일반교통을 이용하기가 위험하다고 생각되어서인지 세바스티안이 미리 예약해둔 택시였다.

세바스티안은 런던주재 스위스 은행에서 증권관계 일을 하는데 최근 사장님 사업의 마케팅과 PR 부분을 담당하기 시작했고 현재는 회사에서 중요한 부분을 차지하고 있다. 직원들은 그의 참여를 기쁜 마음으로 매우 자연스럽게 받아들이고 있다. 신참 직원들은 처음에는 전화로만 존재하는 세바스티안이 실질적인 회사의 주인이고 아주엘로스 사장과 동생 파트릭은 회사를 관리하는 사람 정도 되는 줄 알았

다고 하니 그의 참여가 얼마나 중요한지 짐작할 수 있다.

사실 런던 슈팅은 내가 관여할 일이 아니었다. 런던의 사진작가는 25년 이상을 주얼리 사진만 전문으로 찍은 사람이어서 특별히 당부할 것도 없었고 모든 예약은 세바스티안이 미리 해두었기 때문이었다. 런던에 도착한 후 이틀간은 여직원과 함께 박물관과 시내를 돌며 여유롭게 보냈고 저녁 때마다 세바스티안과 함께 파리 슈팅에 필요한 주얼리를 선별하고 프로그램을 짰다. 우리가 촬영하고 싶은 주얼리는 20제품 15커트였지만 사진작가와는 10커트로 동의를 했기 때문에 선정하기가 까다로웠다.

런던에 도착한 지 사흘째 되던 날, 사진작가로부터 파리 슈팅에 필요한 주얼리를 받아 워털루 기차역으로 갔다. 유로스타의 비즈니스 석을 세바스티안이 미리 예약해둔 덕분에 처음으로 런던과 파리를 연결하는 기차를 타보게 되었다. 세바스티안은 기차 출발 5분 전에 겨우 도착했고 우리는 파리를 향해 출발했다. 파리를 향해 가는 세시간 동안 세바스티안은 특유의 유머감각을 드러내며 차장들과 농담을 주고받았고 바다 밑 터널을 통과하는지도 모르게 기차는 파리에 도착했다.

일요일 오전 여덟시 파리의 스튜디오로 향했다. 파리의 사진작가는 세바스티안이 인터넷을 통해 발견한 '조반니'라는 이탈리아 사람이

었다. 어떻게 인터넷으로 이렇게 좋은 사진작가를 찾아내었냐고 했더니 그는 "냄새를 맡았다"라고 표현했다. 모델과 헤어 메이크업 디자이너는 이미 도착해서 준비 중이었고 나와 세바스티안은 준비해 온 옷과 주얼리를 꺼내 매치시키고 순서를 정했다. 모델은 '안젤라'라는 이름의 브라질 여자였는데 세계적으로 유명한 브라질 출신의 슈퍼 모델 '지젤'과 비슷한 분위기였다.

슈팅이 시작되었다. 이번 촬영에 가장 중요한 긴 목걸이를 선두로 차례차례 진행이 되었다. 나와 세바스티안은 조반니 뒤에 자리 잡고서 사진을 찍으면 바로 컴퓨터로 옮겨지는 이미지들을 확인했다. 스태프들은 분주하게 움직였고 옷과 주얼리에 따라 조명을 바꾸고 배경색을 바꿨다. 조반니는 좋은 포즈를 발견할 때마다 "뷰티풀 데어! Beautiful there" 즉 "그 포즈 좋아!"를 소리치며 신나게 촬영에 임했고 우리는 컴퓨터 화면에 매순간 새롭게 뜨는 이미지를 보며 환성을 질렀다.

세 번째 주얼리 촬영이 끝나자 모델이 귀가 아프다고 했다. 귀걸이의 클립을 너무 세게 조여서 귀가 빨개진 것이다. 모델에게 미안했지만 어쩔 수 없는 일이었다. 클립에 여유를 두지 않는 이유는 보석이 많이 들어간 귀걸이의 무게 때문이다. 클립이 느슨하면 귀걸이가 붙어 있지 않고 쳐지기 때문에 꼭 조이게 제작한다. 아름답기 보이기 위해 어쩔 수 없다고는 하지만 고통을 호소하는 모델을 위해 귓불 뒤에 솜을 집어넣고 촬영을 했다.

주얼리가 바뀌고 옷이 바뀔 때마다 머리 스타일에도 변화를 주었다. 머리를 말았다가 폈다가, 혹은 올렸다가 내렸다가 하며 옷과 주얼리 분위기에 맞는 연출을 했다.

슈팅이 끝나고 후보 이미지들을 메모리 스틱에 저장해서 런던으로 돌아왔다. 사흘간 혼자 런던에 남아 있던 여직원은 우리를 반갑게 맞이했다. 혼자 있어서 쓸쓸했던 탓일까, 아니면 모처럼 가진 런던 출장의 기회 때문이었을까. 여직원은 그동안 엄청난 쇼핑을 즐긴 것 같았다. 세바스티안이 돌아간 후 여직원은 나에게 자신이 구입한 옷가지들을 '나 홀로 패션쇼'를 통해 보여주었고 난 유일한 관객으로 쇼를 즐겼다.

런던 슈팅의 나머지 주얼리를 받아 카사블랑카로 떠나는 날, 난 여직원의 가방이 다섯 개나 돼서 깜짝 놀랐다. 카사블랑카를 떠날 때는 큰 여행가방과 핸드캐리어, 컴퓨터 가방뿐이었는데 돌아갈 때는 짐이 두 배가 된 것이다. 내 짐에 비교해보면 세 배는 되는 것 같았다. 갈 때도 역시 개인택시를 불렀기 때문에 다행히 내가 도와줄 일은 없었지만 비행 수속이 어떨지 적잖이 걱정되었다.

여직원은 큰 가방 두 개를 수하물로 보냈다. 그리고 나머지 세 개의 가방을 들고 여권 심사하는 곳으로 갔는데 아니나 다를까 이곳에서 문제가 생기고 말았다.

런던 히드로 공항은 한 사람이 한 개의 가방만 가지고 탈 수 있도록 규정하고 있다. 그것을 몰랐던 여직원은 입구에서 공항 직원에게 걸

리고 말았다. 여직원은 처음에는 당황해서 이런저런 말로 설명을 했지만 영국인의 규율 앞에는 얼렁뚱땅 방식은 통하지 않았다. 결국 화가 난 여직원은 자기가 산 영국산 차※며 카탈로그 등을 다 버린다고 난리 법석을 피웠다. 어쩔 수 없이 내 가방에 그녀의 신발과 영국 차 네 상자를 넣고 세 가방을 큰 가방 하나로 만드는 데 성공했다.

일단 입구는 무사히 통과했는데 엑스레이 가방 검사에서 다시 걸리고 말았다. 큰 가방에 이것저것 너무 많이 들어가 있어 기계가 내용물을 읽지 못했기 때문이다. 기껏 하나로 만든 가방을 다시 다 풀어 헤쳐야만 했으니 여직원은 어이가 없는 모양이었다. 그래도 처음부터 끝까지 손에서 놓지 않는 것이 있었으니 바로 영국의 명물인 테디 베어였다. 승무원은 그녀가 자신의 새 친구, 테디 베어에게 '스펜서'라고 이름도 지어주고 비행기에 따로 자리까지 마련해주는 그 천진함(?)에 감동했는지 어린이용 곰 인형을 선물로 가져다 주었다. 그러자 여직원은 수속 절차에서 생긴 문제는 잊은 듯 즐거운 귀국 여행을 했다.

카사블랑카로 돌아오자마자 우리는 가장 좋은 열두 점의 사진을 선별했다. 그리고 일주일 후에 포토샵으로 깨끗이 교정된 원본 사진을 받았다. 사진을 받은 후 이틀 뒤 나는 광고의 시안을 잡아 광고 회사로 넘겨주었고 잡지에 난 새 광고는 모로코 사람들의 입을 벌어지게 했다.

시간이 지날수록 아주엘로스 주얼리 회사에 쏟는 내 열정과 보람이 더 커진다. 내 디자인으로 제작된 주얼리가 모로코 황실에 팔리고 연예인들이 착용하고 홍보할 때마다 난 신께, 아니 신들께 감사드린다. 아주엘로스 주얼리는 가톨릭 신자인 내가 믿는 하느님, 유대인인 아주엘로스 사장님의 야훼, 그리고 모로코인 직원들이 믿는 이슬람의 알라신의 합동작품이기 때문이다.

코메타

 2008년 1월, 한국 부모님의 집에서 한 달간의 휴가를 보내고 이탈리아로 떠나기 바로 전날이었다. 거의 자정이 되어 받은 이메일에는 "수상자들에게 알립니다 …… 수상 결과는 첨부 파일로

확인하기 바랍니다"라는 내용이 담겨 있었다.

일단 상을 탄 것은 확실했다. 문제는 몇 위로 수상을 했는가였다. 이메일을 열어보면서 "엄마, 나 상 탔나봐……"라고 말하는 내 목소리와 함께 손의 떨림이 느껴졌다. 첨부 파일을 열고 브로치 부문을 보았다.

1등
당선국: 모로코
디자이너: 김성희
스폰서: 아주엘로스 주얼리
작품명: 코메타

"엄마! 나 일등했어!"

한밤중에 곤히 주무시는 부모님을 깨워 난리법석을 피우고 당장에 모로코로 전화했다. 사장님은 전화를 받자마자 바로 "축하해!"라고 말했다. 내 전화를 받기 5분 전에 소식을 들었다고 했다.

그날 밤 난 채 가시지 않은 흥분의 미열과 기쁨의 잔향으로 잠을 이루지 못했다.

2007년 5월 비첸자 전시회 방문 시 쿠웨이트에서 주얼리 잡지사를 경영하는 클로드가 내게 공모전에 참가해보라고 했다. 그는 잡지사

사장이기도 했지만 타히티 흑진주 프로모션을 하는 사람이기도 했다. 이 년마다 개최되는 흑진주 디자인 공모전에 아주엘로스 주얼리의 스폰서를 받아 중동, 아프리카 지역으로 출품해보라는 것이었다.

그때까지 타히티 흑진주 공모전에 응모해보고 싶다는 생각은 여러 번 했지만 실물을 제작해야 하는 부담 때문에 한 번도 참가한 적은 없었다. 그런데 생각해보니 아주엘로스 사장이 스폰서가 돼주면 참가해 볼 수 있겠다는 생각이 들었다.

6월 출장 기간 중에 사장님을 설득해서 한번 해보라는 허락을 받았다. 공모전의 주제는 'The Song of the Stars'였다. 단순히 별 모양을 사용하여 디자인하고 싶지는 않아 계속 머리를 쥐어짰다. 뭔가 새로운 것이 나올 듯 나올 듯하면서도 영감이 잡히지 않았다. 언젠가 한국의 한 광고 회사에 다니는 사람이 아이디어가 떠오르지 않을 때면 회사의 옥상에 올라가 자살을 시도하는데 항상 자살하기 직전에 새로운 아이디어가 생각나 아직 자살은 못했다고 한 말이 생각났다. 물론 극단적인 예지만 그만큼 창조의 작업이 고통스럽고 어렵다는 것이니 그 말에 공감하고도 남는다. 앞으로 무엇이 탄생할지 모르는 흰 종이를 뚫어져라 본다. 그러면 눈앞에 여러 가지 형상이 아른거리다가 아이디어가 떠오른다. 그래도 아이디어가 안 나오면 다른 일을 하거나 잠시 바람을 쐬러 나간다. 하지만 이때는 다른 일을 하거나 바람을 쐬러 나가기에는 사장님 눈치가 보였다. 다행히 공모전 마감일까지는 시간이 많이 남아있어서 일단 회사에 필요한 다른 디자인을 하며 며칠을

보냈다.

그러던 어느 날 사장님은 모로코의 전통 주얼리 중의 하나인 '피뷸 Fibule 브로치의 일종으로 망토의 끝자락을 고정시키는 역할을 함'을 새 컬렉션으로 제작하고 싶다고 했다. 그 순간 난 이것이 공모전을 위한 기막힌 아이디어라 생각했다. '별의 노래' 라는 의미를 담아 현대적으로 재해석된 전통 모로코 주얼리. 만일 이 작품이 상을 타면 우리가 새로 출시할 피뷸 컬렉션에도 최상의 마케팅이 될 것이 분명했다.

이 아이디어는 곧 디자인으로 이어졌고 완성된 디자인을 본 사장님의 첫마디는 이랬다.

"맙소사! 넌 괴물이야, 어떻게 이런 아이디어를 낼 수 있는 거지?"

디자인이 조금 충격적이었나? 기본적인 피뷸 형태의 윗부분에 혜성을 상징하는 다이아몬드를 박고 그로부터 뻗어 나오는 혜성의 긴 꼬리들을 여러 개의 곡선으로 잡아주었다. 별빛을 표현하기 위해 곡선의 사이사이에 다이아몬드를 박고 꼬리의 마지막은 주인공이 될 열 개의 흑진주로 장식했다. 이름하여 '코메타 Cometa 이탈리아어로 혜성'였다. 상품성은 적을지 모르지만 작품으

로서의 가치가 있고 공모전 주제에 딱 맞는 디자인이었다. 사장님은 곧 매우 만족스러운 웃음을 짓더니 어깨를 툭툭 치며 좋은 작품이라고 칭찬했다.

이제 문제는 '누가 제작할 것인가'였다. 사장님은 공장 직원들에게 맡기고 싶어 하지 않았고 이탈리아에서 제작하고 싶어 했다. 짐작하건대 이탈리아적인 감각이 느껴지는 제품을 만들고 싶었거나, 아니면 공장에서는 넘쳐나는 주문 때문에 어려운 작품을 만들 시간적 여유가 없었기 때문이 아닐까 싶다.

밀라노로 돌아온 며칠 후 에치오(모델기사)아저씨의 작업실에 놀러갔다. 이런저런 얘기를 하다가 자연스럽게 공모전 작품에 대한 고민이 흘러나왔다. 그는 자기가 도와줄 테니 내가 직접 제작해보면 어떻겠냐고 했다. '내가 직접? 아무리 세공기술을 익혔어도 내가 이런 것을 만들 정도의 수준이 될까?' 하지만 누가 알랴, 생각처럼 어렵지 않을 수도 있다는 생각이 들었고 에치오 아저씨는 "해봐! 해봐!" 하며 나를 부추겼다.

그날부터 7월 한 달 내내 에치오 아저씨의 작업실로 출퇴근하며 작품을 제작했다. 은으로 기본 모델을 만들고 주물 공장에 맡겨 고무틀을 짠 뒤 금으로 뽑아냈다. 그것을 다시 갈고 닦고 줄질하고 사포질해서 몸통이 완성됐다. 에치오 아저씨는 자신이 직접 만든 연장도 빌려주고 도움이 필요할 때마다 어떤 식으로 다듬어야 하는지 자상하게 설명해 주었다. 다이아몬드를 물릴 난집은 아저씨가 땜해주었다. 금

은 은과 달라 땜하기가 더 수월하지만 자칫 잘못하다 선이 녹아버릴 수도 있기 때문에 내가 감히 손댈 수 없었다. 그리고 다이아몬드 세공은 전문 세공사에게 맡겼다.

흑진주가 들어갈 부분만 제외하고 작품이 완성되었다. 난 일단 가짜 흑진주를 사서 살짝 얹은 후 사진을 찍어 아주엘로스 사장에게 보냈다. 사장님은 내가 작품을 제작했다는 사실이 믿기지 않는 모양이었다. 그는 말은 안 했지만 실물이 보고 싶어 못 견디겠다는 듯한 눈치였다. 그날 이후 난 은행에 지하금고를 개설해 그곳에 작품을 보관했다.

아주엘로스 사장이 작품을 처음으로 본 것은 9월 비첸자 전시 직전이었다. 나는 사장님을 지하금고로 직접 데려가 컴컴한 구석자리에서 작품을 꺼내 보여주었다. 사장님은 한동안 그것을 손에 들고 이리저리 돌려보더니 참 잘 만든 제품이라고 하며 나와 제품을 한번씩 번갈아 보았다. 그리고 더 오래 못 보는 것이 아쉬운 듯이 다시 금고에 보관했다.

우리는 비첸자 전시회장에서 최고 품질의 타히티 흑진주 열한 개를 구입해 작품을 마무리했다. 다미아니 주얼리 회사에 다니는 친구로부터 소개받은 전문 사진가에게 스틸 사진을 부탁했고 10월 말에 접수를 시켰다.

그리고 당선 소식을 들었다. 아주엘로스 주얼리에게는 첫 공모전 수상이었고 나에게는 여덟 번째 수상이었다.

코메타는 나를, 아주엘로스 사장을, 아주엘로스 회사 전 직원을, 그리고 모로코 전체를 기쁘게 했다. 어떤 모로코 패션잡지사는 독점 기사를 달라고 부탁했고 모두들 언제가 되어야 제품을 볼 수 있는지 물어왔다. 코메타는 우리의 예상대로 엄청난 마케팅 효과를 불러왔다.

코메타가 언제쯤 모로코에 갈 수 있을지는 아직 모르겠다. 2008년 스위스 바젤 전시회에도 참여해야 하고 아직 남아 있는 세계 최종 결선에도 출전해야 한다. 이 빛나는 별은 여전히 침침한 은행 지하금고에서 빛을 볼 날만을 기다리고 있다. 금고에 있는 코메타만 생각하면 내 가슴까지 답답해지지만 모로코에 가기 전까지는 가장 안전한 곳이니 어쩔 수 없다.

코메타는 모로코에 도착하는 날부터 아주엘로스 주얼리에 빛을 줄 것이다. 아주엘로스의 주얼리들은 바로 코메타가 부르는 노래로 사람들의 사랑을 받게 될 것이다.

카사블랑카의 나라, 모로코

카사블랑카 그곳에는

잉그리드 버그먼과 험프리 보가트가 열연한 영화 〈카사블랑카〉는 실제로 카사블랑카에서 찍지 않았다. 하지만 이 영화로 인해 카사블랑카가 세계적으로 유명한 도시가 된 것은 사실이다. 모로코가 어디에 있는 나라인지는 몰라도 카사블랑카라는 이름은 숱한 사람들이 알고 있으니 영화의 힘은 얼마나 큰지.

도시의 이름이 말해주듯이 카사블랑카에는 흰Blanca 집Casa들이 많다. 빌딩도 하얗고, 주택도 하얗고 심지어는 묘비도 하얗다. 그러나 이렇게 하얀 건물은 대부분 예전에 지은 것들이고 최근에는 흰색 건물과 함께 유리로 지은 건물이나 다른 색상의 건물들도 속속 들어서고 있다.

카사블랑카뿐만 아니라 모든 모로코 건물의 지붕에는 위성 안테나가 무수히 달려있어 특이한 인상을 준다. 위성방송 수신 장치인 크고 작은 둥근 안테나는 모든 집의 지붕이 가라앉을 정도로 잔뜩 달려 있다. 이 위성 안테나로 유럽 전 지역의 방송은 물론이고 다른 아프리카 국가들이나 중국의 CCTV, 한국의 KBS도 시청할 수 있다. 이렇게 외국의 방송을 쉽게 시청할 수 있기 때문에 유럽 문화가 동시적으로 전달되고 특히 청소년들에게 빠른 속도로 흡수되고 있다.

변화하는 카사블랑카

현재 카사블랑카는 급격히 변화하고 있다. 꼭 서울의 70~80년대의 모습을 보는 것 같다. 낡은 건물을 허물고 그 자리에 새 건물들이 빠른 속도로 올라가고 있다. 2005년부터 수입관세가 내려가면서 유럽의 유명 브랜드들이 속속 들어오고 있다. 카르티에, 쇼파, 불가리 등 주얼리 상점은 이미 좋은 자리에 대리점을 두고 있는데다가 프랑스, 스페인의 고급 브랜드들이 속속 들어와 새로운 변화가를 만들고 있다.

잡지도 마찬가지다. 매번 카사블랑카에 출장을 갈 때마다 새로 창간한 잡지를 받아본다. 잡지사 사람들은 광고 때문에 자주 아주엘로스 숍을 방문하고 자신들의 잡지를 놓고 가기 때문에 새로 나온 잡지는 거의 다 받아보는 편이다.

어떤 잡지는 앞에서 넘기는 면은 프랑스어로, 뒤에서 넘기는 면은 아랍어로 편집해서 같은 내용을 두 가지 언어로 제작한다. 프랑스어가 제2 외국어이기는 해도 교육을 많이 받은 사람들만 읽을 수 있기 때문이다. 한국 같이 럭셔리 브랜드만 다루는 잡지나 외국 잡지의 모로코판이 나오지는 않았지만 현재 사회가 변화하는 추세로 보아 조만간 서점에 럭셔리 잡지가 등장하지 않을까 생각한다.

모로코는 발전하고 있다. 안타까운 것은 나라의 외부적인 발전에 비해 개개인의 발전이 더디다는 점이다. 교육시설의 부족과 저조한 학구열이 아쉬울 때가 많다.

카사블랑카의 뒷면

카사블랑카에는 부유층과 극빈층의 차이가 많이 난다. 그런 이유에서인지 몰라도 절도 사건이 많이 발생하는 편이다. 핸드폰이나 지갑 등을 보이게 사용하면 소매치기를 당할 우려가 많고 가방을 들고 다니면 누가 쫓아와서 어두운 곳에서 협박하고 뺏어갈 위험도 많다. 그래서 현지인들은 가방이나 핸드백을 가지고 다니는 대신 현금만 옷 깊숙이 넣고 다닌다. 가까운 거리도 택시를 사용하고, 부유한 사람들의 경우는 항상 운전사가 딸린 자가용을 이용한다.

출장 첫해에는 이런 상황을 잘 모르고 서울이나 밀라노에서처럼 가방도 들고 핸드폰과 지갑도 가지고 나갔는데 그때마다 아주엘로스 사장과 다투곤 했다. 사장님은 "정 가방을 가지고 나갈 거면 가방 통째 비닐봉지에 넣어 가고 꼭 필요하지 않다면 가방은 집에 놔두고 필요한 돈만 주머니에 넣고 나가라"고 했다.

하지만 대부분의 여성들이 그렇듯 당장에 필요하지 않아도 가방에 넣어 가지고 다닐 게 얼마나 많은가. 그런 것들을 다 놓아두고 나가라니 당시의 나로서는 생각할 수도 없는 일이었다. 사고라도 나면 내 신분을 확인할 수 있는 신분증도 가지고 다녀야 하는데……. 내가 무슨 이유를 대든 사장님은 막무가내였다. 그래도 결국은 내가 이겼다. 사장님은 "그럼 알아서 해! 나중에 무슨 일이 생기면 다 네 책임이니 나한테 와서 울지 마!"라고 화를 내곤 했다.

모르는 게 약이라고 다행히도 내게는 아무런 사고도 없었지만 몇

년이 지난 지금은 오히려 내가 더 겁이 나서 혹시라도 멀리 가게 되면 운전사 벨카스와 같이 다니거나, 주머니에 몇 디람1디람은 약 500원 정도만 넣고 얼른 볼일만 보고 돌아오곤 한다.

토요일 오후의 데이트

토요일이다. 카사블랑카에서는 토요일도 평소와 마찬가지로 하루 종일 일을 한다. 이탈리아에서라면 시내로 산책을 나가 사람 구경도 하고 서점에서 잡지도 뒤적일 수 있는 날이지만 이곳에서는 이런 자유가 거의 없다. 게다가 피곤하기도 해서 보통 점심을 먹고 나면 재충전을 위해 한 시간 정도 낮잠을 잔다. 하지만 이날은 왠지 바람이 쐬고 싶었다.

점심을 먹고 나서 산책을 좀 나갔다 오겠다고 말했다. 숍은 오후 네 시부터 열기 때문에 두 시간 정도의 자유 시간이 있었다. 사장님은 걱정이 되는지 어디로 가느냐고 물었고 난 모르겠다고 덤덤히 말했다. 오후 영업시간 전에 돌아오겠다고 약속하고 혼자 거리로 나섰다. 사장님은 걱정하는 것 같았지만 별말 없이 나를 보내주었다.

이날은 10월 초였음에도 불구하고 30도를 웃도는 무더운 날씨였다. 가방에 카메라를 넣고 메디나로 향했다. 윈도 쇼핑이든 실제로 뭘 사

든 간에 사람들로 북적거리는 곳에 가고 싶었다.

카사블랑카의 메디나는 크게 세 구역으로 나눌 수 있다. 옷, 신발, CD, 가방 등 잡화를 파는 구역과 입구 근처의 주얼리 구역, 그리고 안으로 깊숙이 들어가면 빵, 생선, 과일 등을 파는 구역이 나온다. 잡화와 주얼리를 파는 곳은 우리나라의 남대문 시장과 아주 흡사하다. 하지만 이곳을 벗어나 각종 음식을 파는 곳으로 가면 생선 비린내가 코를 찌르고 바닥에 고인 더러운 물을 피하기 위해 껑충거리며 이곳저곳으로 건너뛰기 일쑤다.

이곳에는 길바닥에다 멍석을 깔고 장사하는 노인들이 많다. 생선 장수, 빵 장수, 과일 장수, 자전거 수리공, 그리고 구걸하는 사람…… 어떻게 이런 곳에서 하루 종일 그것도 매일같이 일을 할 수 있는지 안타까운 마음이 든다. 리어카 한 대와 그 안에 든 것들이 그날 하루 이 사람들의 전 재산이다.

친구들에게 사다 주겠다고 약속한 전통 가죽 슬리퍼 네 켤레를 사고 좁은 골목을 빠져나오기 시작했다. 일일이 세어보지 않아서 몇 번인지는 잘 모르겠지만 한 시간 정도 메디나를 걷는 동안 '시누아', 혹은 '봉수아 마드무아젤' 등의 인사로 치근거리는 사람들을 여럿 만났다. 이탈리아에 살면서 늘 부딪치는 익숙한 상황이기는 하지만 기분이 썩 상쾌하지 않은 것은 이탈리아에서나 모로코에서나 마찬가지다. 이 상황을 벗어나는 유일한 길은 못 들은 척하고 가

던 길을 계속 가는 것이다.

 메디나를 나와 큰길을 걸을 때 또 뒤에서 누가 말을 걸어왔다. 이 사람이 전의 사람들과 다른 점이라면 영어로 말을 걸어온 것이다. 뒤를 슬쩍 돌아보니 20대 초반으로 보이는 두 명의 모로코 청년이 내 뒤에서 걸어오다가 내가 돌아보자 싱긋 웃었다. 그래서 난 마음을 열고 "오늘 들어 처음으로 영어하는 사람을 만났네요" 하고 대답했다.

 함께 걸으면서 이런저런 얘기를 주고받다가 알게 된 것은 이 젊은이가 모로코의 또 다른 주얼리 회사인 '오로 메카니카'에서 세공사로 일한다는 것이었다. 전시회 기간에 이 회사의 사장님도 만난 적이 있어서 회사 이름을 알고 있었는데 그 회사에서 일하는 사람을 길에서 우연히 만나다니 참 기이한 일이라 생각됐다.

 내게 말을 걸어온 친구는 영어를 잘 구사했다. 대학에서 배웠다고

했다. 대신 다른 한 친구는 우리가 하는 말을 한 마디도 알아듣지 못했다. 시간이 되면 차나 한 잔 하자고 해서 목도 마르고 아직 한 시간 정도의 여유가 있기에 좋다고 했다.

하얏트 호텔 광장 부근의 다방 분위기 물씬 나는 '까페 프랑스$_{cafe France}$'로 갔다. 이곳은 평범한 사람들이 많이 찾는 2층짜리 까페다. 우리는 콜라와 주스 등 시원한 음료를 시켰다.

이 젊은 친구는 23세인데 키가 크고 삐쩍 마른 외모에 개방적인 성격을 가지고 있었다. 그다지 풍족하지 못한 가정 환경으로 인해 일 년 반 만에 대학의 경제학 과정을 그만둘 수밖에 없었다고 한다. 학비를 제외하고도 매일 일정하게 나가는 차비와 외식비 그리고 무엇보다 수업에 필요한 많은 책의 구입이 부모님을 무척 부담스럽게 했기 때문이란다. 어쩔 수 없이 학업을 중단하고 일 년 전부터 생계 유지를 위해 주얼리 공장에서 세공사로 일하고 있다고 했다.

우리가 이런 얘기를 하는 동안 옆의 친구는 말없이 앉아 있었다. 한 마디도 이해할 수 없었던 것이다. 난 이 상황을 너무 잘 알고 있다. 사장님과 함께 저녁 식사에 초대 받아 갈 때마다 프랑스어를 못하는 나의 상황이 바로 지금 이 친구의 상황과 같기 때문이었다. 그래서 난 영어를 하는 친구에게 우리가 지금 무슨 얘기를 했는지 말해주라고 했다. 대화 내용을 듣고 난 후 그 친구는 '아 그렇구나' 하고 고개를 끄떡이고는 다시 수줍게 고개를 숙이곤 했다. 우리는 이 짧은 시간에 일과 생활, 그리고 사랑에 관한 것까지 많은 종류의 대화를 나눌 수

있었다. 그때마다 말 못하고 앉아 있는 친구에게 통역을 해주었기 때문에 직접 끼어들지는 못했지만 그 역시 우리가 나눈 모든 대화의 내용을 알 수 있었다.

이 한 시간의 데이트는 모로코의 평범한 젊은이들을 이해하는 데 도움이 되었다. 이들은 퇴근 후나 주말은 카페나 나이트클럽에서 친구들과 보낸다. 밖에서 외식을 하는 경우는 드물고 식구가 많더라도 한 집에서 부모와 함께 산다. 컴퓨터의 사용은 증가하는 추세지만 우리처럼 일상화되지 않았기 때문에 필요를 많이 느끼지 못하는 것 같았다.

헤어지기 전 다시 만날 수 있을까 하는 질문에 나는 그들에게 "물론이지" 하고 대답하고 종이에 내 핸드폰 번호를 적어주었다. 모로코에서 사용하는 핸드폰은 로밍을 한 이탈리아 것이었기 때문에 만일 그가 내게 연락하려면 국제 통화를 해야만 했다. 난 받지 않을 테니까 한번 걸어보라고 했다. 그가 바로 내 번호로 전화를 했는데 벨이 울리지 않았다. '왜 안 울리지?' 하고 이상해하니 사실은 핸드폰에 넣을 전화카드를 사지 못해서 받기만 할 뿐 걸 수가 없다는 것이다. 하지만 며칠 내로 카드를 사서 전화할 테니 저녁을 같이 먹자고 했다. 난 좋다고는 했지만 혹시 모르니 약속잡기 하루 전에 미리 전화하라고 했다.

그런데 이 두 친구를 다시는 만나지 못했다. 사실 그날 이후 이 두 청년에 대해 까맣게 잊고 지냈다. 연락이 없었던 걸 보면 아마도 전화

카드를 살 돈이 없었지 않았나 싶다. 그렇게 주머니 사정이 넉넉하지 못한 친구들이었음에도 카페에서 내게 음료를 사줬다. 이들의 경제적 상황으로 볼 때 최선을 다해 외국인을 대접한 것이다.

 이런 만남은 모로코에 대한 이해를 도와주고 내 마음의 문을 열게 해준다. 그러면서 나도 한걸음씩 모로코의 평범한 일상생활에 다가가고 있다.

1. 모로코의 음식 문화

모로코에는 비만 환자가 거의 없다. 아이들부터 노인들까지 호리호리한 몸매를 가지고 있다. 가끔 퉁퉁한 아주머니들과 배불뚝이 아저씨들이 보이긴 하지만 평균적으로 모두 날씬한 편이다. 그 이유는 '많이 못 먹어서'이다. 빈부의 격차가 심한 이 나라에는 제대로 영양을 섭취하지 못하는 사람들이 많다는 얘기다. 가장 싼 빵 1kg에 약 1,000원과 모로코 전통 샐러드 등을 주식으로 하는 사람들은 고기나 생선, 신선한 야채를 자주 먹지 못한다. 나는 아직까지 이런 사람들의 생활을 직접 경험할 기회는 없었다.

대신 생활에 여유가 있는 사람들은 잘 먹는다. 잘 먹는다는 것은 많이 먹는다는 게 아니라 좋은 음식을 먹는다는 표현이다. 프랑스식, 이탈리아식, 일식, 중국식 등의 고급스러운 전문식당은 물론이고 호텔에서 운영하

 는 퓨전 레스토랑과 비스트로Bistro 작은 레스토랑으로 가족적인 분위기를 느낄 수 있는 곳 등은 현지 사업가들과 외국인들이 항상 즐겨 찾는 곳이다. 특히 몇 년 전부터 폭발적인 인기를 누리고 있는 일식 레스토랑은 예약하지 않으면 30분 이상 기다려야 할 정도로 모로코 사람들에게 인기가 있다.

 모로코 전통요리에는 '쿠민Cumin'이라는 향료가 자주 사용되는데 향이 강해 식사를 마치고 나서 한두 시간 정도만 지나도 땀을 통해 그 냄새를 맡을 수 있을 정도다. 우리가 김치를 먹고도 마늘 냄새를 잘 못 맡듯이 모로코인들은 몸에서 나는 이 쿠민 냄새를 얼른 맡지 못한다. 쿠민 이외에도 여러 가지 향료가 많은데 색깔이 다른 만큼 냄새와 맛도 다르다. 시장의 향료가게에 작은 모래산처럼 수북이 쌓아놓은 색색의 향료는 종종 사진작가들의 작품 소재가 되곤 한다.

A Stranger in Morocco

   모로코 전통 레스토랑은 일반 레스토랑과 분위기가 많이 다르다. 안으로 들어가면 나무가 많은 정원이 있고 테이블이 약 5~6석 마련되어 있다. 웨이터들은 모두 모로코 전통 의상을 입고 있다. 흰색 윗도리에 검은 바지, 앞이 뾰족하고 굽이 낮은 가죽 슬리퍼, 그리고 빨간색의 통모자를 쓰고 서빙한다. 웨이터들은 보통 남부 출신 모로코인들로 피부는 가무잡잡하고 키가 크고 말랐는데, 주문을 받고 난 후 싱긋 웃으면 검은 피부 때문에 그런지 이빨이 유난히 하얗게 보인다.

   모로코의 대표적인 음식으로 쿠스쿠스를 꼽을 수 있다. 조와 야채, 혹은 닭고기, 소고기 등을 곁들여 만든 것으로 다른 아프리카 나라와 중동 지방에서도 먹을 수 있는 음식이다. 그리고 얇은 빵의 가운데를 열고 양고기, 각종 야채와 매운 소스를 곁들인 케밥 Kebab도 어디서나 쉽게 찾아볼 수 있다.

   이런 전통 음식점에서 식사를 한 것은 몇 번 되지 않는다. 처음으로 모로코 전통 레스토랑에서 저녁 식사를 한 것은 한 화가의 전시회를 방문한 후였다. 우리가 앉은 테이블 주변에는 큰 꽃나무들이 많이 심어져 있어 하늘이 잘 보이지 않을 정도였고 나뭇가지 사이로 고양이들이 자리를 잡고서 들어오는 손님들을 내려다보고 있었다. 음식을 주문하고 기다리는데 갑자기 위에서 꽃이 하나 뚝 떨어져 내 접시 위에 내려앉았다. 모두들 탄성을 지르고 희한한 일이라며 즐거워했다. 난 식사 후에 그 꽃을 가지

고 나왔고 아직도 말려서 가지고 있다.

　모로코에 가면 꼭 맛봐야 할 것 중에 '모로칸 티 Tea'가 있다. 모로코 사람들이 자주 마시는 이 차는 사실 별게 아니다. 우리나라와 중국에서 많이 마시는 녹차에 싱싱한 민트를 넣고 설탕을 잔뜩 넣어 만든 것뿐이지만 그것을 마시는 방법이 독특하다.

　차는 양철로 된 찻주전자에 낸다. 이 주전자는 손잡이까지 양철로 되어 있어서 맨손으로는 집을 수 없을 정도로 뜨겁다. 그래서 꼭 천으로 만든 전용 집게를 사용하는데, 이렇게 뜨거워서일까 호텔에서 차 서비스를 하는 사람은 대부분 남자들이다. 그들은 약 50센티미터 이상 되는 높이에서 차를 따른다. 너무 뜨거워서 조금이라도 빨리 식히기 위한 것이라고 한다. 빨간 모자에 뾰족한 슬리퍼를 신고 한껏 멋스러운 자세로 주전자를 들고 그 높은 곳에서 용케도 유리잔 안에 차를 따른다. 찻물이 옆으로 튀는 건 신경도 안 쓰고.

　이 차는 또 꼭 아라베스크 무늬가 새겨진 유리잔에 마신다. 집에서 차를 마실 때면 차를 마시는 사람 수보다 찻잔이 하나 더 나온다. 혼자 마시면 잔이 두 개, 둘이 마시면 잔이 세 개…… 이

A Stranger in Morocco

유는 간단하다. 뜨거운 차를 식히기 위함이다. 잔 하나에 차를 따르고 그걸 다른 잔에 따라 붓기를 두세 번 반복하다 보면 찻물이 식는다.

후후 불면서 긴 시간 동안 마시는 이 차는 약간 딱딱한 모로코 전통 쿠키와 잘 어울린다. 관광지의 큰 호텔에 가면 중앙 로비에서 차 서비스를 하는 광경을 자주 목격할 수 있다. 나는 매일 오후 다섯시만 되면 간식으로 나오는 모로코식 핫케이크와 함께 이 차를 마셨다. 후에 밀라노에 돌아와서 한번 만들어 마셔봤는데 그때와 같은 맛이 나지 않았다. 높은 데서 따르지 않아서일까 유리잔에 마시지 않아서일까.

2. 모로코 속의 한국

혼자 길거리에 나서면 100미터쯤마다 한 번씩 듣는 말이 있다. '시누와 프랑스어로 중국인이라는 뜻 '라는 말이다. 동양인 이민자가 많지 않고 동양에 대한 인식이 부족한 탓이겠지만 밀라노에서도 지겹게 듣는 말을 모로코에서까지 들으니 짜증이 일면서도 중국 사람들의 양적 파워를 새삼 느끼게 된다. 그렇다고 그때마다 그들을 붙들고 "나는 한국인이야"라고 말할 수도 없는 노릇, 그러니 '좋을 대로 생각하세요' 하고 떠날 수밖에 없다.

그래도 좀 더 친밀한 만남을 가질 때는 내가 한국인임을 말할 기회가 있다. 나는 어느 나라 사람이고 어디서 살고 무엇을 하는지 등을 얘기하는데, 어쩌다 한국을 모르는 사람을 만나면 우리나라 대기업들의 이름을 대곤 한다. 그러면 "아! 삼숭 SAMSUNG이 한국 회사야?"라고 말한다. 그 후

A Stranger in Morocco

에 다른 대기업들도 차례로 이름 고문을 당하기 시작한다.

"내가 작년에 다에부DAEWOO 냉장고를 구입했는데 정말 좋은 냉장고라 친구들에게도 사라고 권했지. 내 처제는 내년에 윤다이HYUNDAI 차로 바꾸고 싶어 하는데 돈이 없는 모양이야. 왜냐하면 금년 여름에 하도 더워서 엘제LG 에어컨을 샀거든."

입술 사이로 실실 삐져나오는 웃음을 참으며 그때마다 정확한 이름을 읽어주기는 하지만 아무 소용 없는 일이다.

불행히도 모로코인들은 유럽 등 외국에서 환영받지 못한다. 외국으로 이민하는 사람들은 가난한 환경에서 살다가 일을 찾아 외부로 나가는 사람들이기 때문에 교육 수준이나 문화적인 수준이 평균에 미치지 못하고 더구나 유럽 각지에서 일어나는 범죄나 테러가 모로코인들에 의해 일어난 경우가 많기 때문이다. 그런데다가 여성들은 종교적인 문제로 두건을 두르고 다니고 자식들을 많이 낳기 때문에 적은 수의 사녀를 둔 현지 유럽인들보다 자녀에 관한 복지혜택을 많이 받는다.

절도, 사기 사건도 모로코인들이 연루된 경우가 많고 질투로 인한 살인 사건의 주인공으로도 자주 등장한다. 그래서 유럽에서는 그들을 그다지 반기지 않는다. 내가 카사블랑카에서 만난 사람들은 모두 착하고 공손하고 열심히 일하는 사람들이지만 그런 착실한 사람들은 왜 유럽에서는 보이지 않는 것일까.

아마도 이런 경험 때문에 난 밀라노에서 '내가 곧 한국을 대표하는 이미지'라는 생각을 버릴 수가 없고 그런 이유로 누구든 한 번을 만나더라도 좋은 인상을 주려고 노력한다. 사람들은 나를 통해 한국의 이미지를 결정하기 때문이다.

3. 라마단

이슬람교의 라마단은 금식 기간이다. 예전에는 마호메트가 유대교력 키푸르 Kippur 의 첫 달 열째 날을 단식 첫 날로 정했었는데 후에 마호메트와 유대교의 사이가 나빠지면서 이슬람력 아홉 번째 달인 지금의 라마단 기간이 정해졌다고 한다.

모로코의 라마단은 한 달 남짓 진행된다. 단식을 하면서 죄의 사함을 구하는데 기독교인의 성지 순례와 같은 효과를 가진다고 한다. 단식은 아침 동틀 때부터 저녁 해질 때까지로 일반적으로 아침 여섯시부터 저녁 여섯시까지 물도 한 모금 마셔서는 안 된다. 그러다가 저녁 여섯시가 되면 온 시내에 사이렌이 울리면서 "이제는 우리가 밥 먹어도 되는 시간!"이라고 알려준다.

라마단 기간에는 설탕에 절인 대추와 단 과자를 많이 먹는다. 특별식을

Morocco

사기 위해 많은 생활비가 요구되기 때문에 라마단 직전에는 소매치기 등의 절도 사건도 많이 일어난다고 한다.

이 기간에는 평소에도 그랬지만 특히 더 사장님은 나를 절대 혼자 밖으로 내보내지 않았다. 특히 저녁 여섯시가 가까워지면 더 못 나가게 했다. 그 이유는 하루 종일 단식으로 배가 고픈 사람들이 한시라도 빨리 집에 가서 밥 먹을 생각만 하기 때문에 신경이 곤두서서 사고가 많이 나고 혹시 사고가 나더라도 남 생각 할 겨를이 없어 도와주는 사람도 없어서란다. 설마 그럴까 싶었지만 혹시라도 사실이면 위험한 일이라 생각되어 밖에 나가는 일을 삼갔다.

그런데 이상하게도 가정부인 하디샤와 파티하는 라마단 기간 중에 밤

A Stranger in Morocco

마다 외출을 했고 자정이 넘어서야 돌아오곤 했다. 사장님은 두 자매를 별말 없이 보내주었다. 왜 나는 위험하다고 못 나가게 하면서 저 사람들은 한밤중에도 나가게 하는 것일까? 이유는 간단했다. 평상시 모로코에서 밤에 나돌아 다니는 여인은 정숙하지 않은 여자로 취급되기 때문에 여자들은 항상 남자와 동행을 하거나 머리에 두건을 쓰거나 차로 다녀야 하고 혼자 길거리를 배회하는 것은 삼가야 한다. 다만 라마단 기간에는 여자들에게도 특별한 자유가 주어져서 이 한 달간은 밤늦은 시간까지 여자들끼리만 다녀도 좋다는 것이다. 아직도 남녀의 차별이 심한 나라이기 때문에 어쩔 수가 없다는 생각이 들었다. 그럼 나도 나가겠다고 했더니 외국인이기 때문에 위험해서 안 된다고 했다. 나에게는 라마단이건 아니건 밤에 나간다는 것은 항상 위험하다는 것이다.

라마단이 끝나는 기간은 아무도 모른다. 그럼 라마단의 끝은 누가 어떻게 결정할까? 그건 달에게 물어봐야 한다. 2007년 라마단은 사우디 아라비아에서는 10월 12일에 끝났지만, 모로코에서는 12일 저녁까지도 '내일 달을 봐야 내일이 마지막 날인지 아닌지 알 수 있다'고 했다. 달의 형태가 라마단의 마지막 날을 결정하기 때문이란다. 그렇다면 구름이 잔뜩 껴 있어 달이 안 보이면 어떻게 할까?

라마단이 아직 끝나지 않은 2003년 11월 초, 3주간의 긴 출장을 마치고

나는 밀라노로 돌아왔다. 다른 때와 마찬가지로 로열 모로코 항공의 아침 비행기를 타고 밀라노로 향했다. 한 시간 정도 후에 기내식이 주어지기 시작했는데 내 옆자리에 앉은 여자는 식사가 오는 것도 모르고 잠만 잤다. 스튜어디스는 내게만 식사를 주고 그 다음 사람에게 갔다.

내가 식사를 끝낼 때까지 옆의 여자는 잠만 잤다. 다 먹은 음식이 담긴 쟁반을 치워 갈 때도 옆에 앉은 여자는 잠만 잤고 스튜어디스들도 깨우거나 뭘 먹겠냐고 묻지 않고 그냥 지나갔다. 주변을 둘러보니 식사를 하지 않고 자는 사람들이 꽤 많았다. 그제야 나는 라마단 기간이라 모로코 사람들에게는 식사 제공도 않는다는 것을 알았다. 그렇다면 이 사람들은 식사비만큼 비행기표 값 할인을 받았을까?

배가 고파도 먹지 못한다는 이유 하나만으로도 내가 이슬람 교인이 아닌 것이 다행이다 싶다. 왜냐하면 난 배고픈 것을 참지 못하는데다가 허기가 심해지면 몸이 부들부들 떨려 아무것도 손에 잡을 수 없기 때문이다. 만에 하나 내가 이슬람 교인이라 하더라도 그럴 때는 뭔가를 먹거나 마셔야만 했을 텐데 이런 나를 알라신은 측은하게 여기지 않았을까? 죄를 용서받는 것보다 식사를 우선하는 나를 알라신은 어떻게 생각할까?

모로코에 있는 동안 궁금한 게 점점 더 많아지는 것 같다.

모로코 시장, 하부스

카사블랑카 시내 중심부에서 차를 타고 약 10분 정도를 가면 하부스라는 곳이 나온다. 1930년대에 형성된 곳으로 프랑스식 네오 모레스크 스타일을 하고 있다. 이곳은 카사블랑카의 왕궁 옆에 붙어 있기 때문에 시장을 한 바퀴 돌다 보면 왕궁의 벽을 따라 걷게 된다. 가끔 마주치는 모로코 왕실 호위대가 무서워서 얼른 눈을 피하고 빨리 걸어 지나쳐간 적도 있다.

현재 이곳은 모로코의 전통적인 생활 용품과 소품, 옷, 카펫 등을

파는 상점들과 특히 아랍 서적코란, 아랍어로 된 책을 파는 서점들이 밀집되어 있다. 관광객뿐만 아니라 이 나라 사람들도 자주 찾는, 한마디로 서울의 인사동과 같은 곳이다.

하부스의 입구는 벌써 이곳이 어떤 곳인가를 말해준다. 길거리에 가득 쌓인 도자기, 양은 쟁반과 주전자, 전등, 가죽 제품 등 카사블랑카의 다른 곳에서는 발견하기 힘든 풍경이 펼쳐진다. 물론 메디나 안에 들어가면 이런 물건을 파는 곳이 몇 군데 더 있기는 하지만 이렇게 한군데 많이 모여 있지 않기 때문에 하부스에 들어가면 모로코만의 이국적인 냄새를 물씬 맡을 수 있다.

이곳의 사람들은 내가 지나가면 신기한 듯 쳐다본다. 동양인 관광객을 자주 접하지 않기 때문일 것이다. 대부분은 프랑스어로, 그리고 간간이 영어로 호객행위를 한다.

난 여행 중에 기념품을 별로 사지 않는 편이다. 돌아갈 때 짐이 많아지는 것도 싫고 자잘한 것에 푼돈을 쓰지 않는 습관 때문이기도 하다. 하지만 하부스에 처음 갔던 날은 그 신기함에 반해 넋을 놓고 이 집 저 집을 구경하다가 결국 모로코 전통 의상과 가죽 슬리퍼 '바부쉬Babouches 뒤꿈치를 접어 만든 모로코 전통 슬리퍼'를 구입하고야 말았다. 특히 바부쉬는 이 년 전 이탈리아에서 40유로를 주고 산 적이 있는데 이곳에 오니 똑같은 물건이 5유로밖에 하지 않는 것이었다. 얼떨결에 열 켤레를 샀다. 나중에 이탈리아에 돌아와 대부분은 친구들에게 선물로 주고 그중 가장 특이한 것으로 두 켤레만 내가 가졌다.

 안쪽으로 깊숙이 들어가면 모스케아이슬람 신전가 있는 작은 광장이 하나 나오는데 여기서 길이 여럿으로 갈린다. 앞으로 계속 가면 왕궁이 나오고 오른쪽으로 돌면 카펫과 양은 그릇, 유리잔, 그리고 올리브를 파는 시장이 나온다. 이 광장은 일요일만 되면 지방에서 보따리 장사를 하는 사람들이 물건을 가지고 올라와 길거리에서 팔기 때문에 광장은 사람들로 가득하다. 특히 벤치에는 머리에 천을 쓴 아주머니와 할머니들이 촘촘히 붙어 앉아 떠들기 때문에 정신이 하나도 없다. 사람들 사이를 뚫고 나오면 올리브를 파는 마당으로 들어가는 좁은 골목을 만나게 된다.

 올리브를 파는 시장은 약 100평 정도 되는 사각형의 조그마한 마당으로 입구부터 올리브 절인 냄새가 코를 찌른다. 검은 올리브, 녹색 올리브, 맵게 절인 올리브, 피망을 넣은 올리브 등 수십 가지의 다른 맛이 나는 올리브가 드럼통 안에 가득히 올려져 있다. 이곳의 냄새는

시큼 찝찌름하다. 올리브 하나를 집어 맛을 보자 입 안에 침이 가득 돌면서 입맛을 돋운다. 짠 맛에도 불구하고 두어 개 더 집어 먹었다.

하부스를 걷다 보면 골목골목에서 수작업을 하는 사람들을 만날 수 있다. 바구니를 만드는 사람, 가죽을 다듬는 사람, 목수 등은 관광객들이 지나가거나 말거나 하던 일을 멈추지 않는다.

하부스의 중앙 통로로 한 50미터 정도 걸어가다 보면 왼쪽에 유명한 모로코 전통 과자가게 벤니Bennis가 나온다. 카사블랑카에서 가장 유명한 전통 과자집이라고 한다. 무게에 따라 값을 매기는데 일반 과자와 비교할 수 없을 정도로 달다. 코코넛을 갈아 만든 딱딱한 것, 땅콩, 호두, 아몬드 등 견과류를 갈아 밀가루에 섞어 만든 것, 만두 같이 빚어 속을 넣은 것, 버터 쿠키 같이 푸석푸석해서 쉽게 부서지는 것 등 스무 가지가 넘는 것 같은데 난 그중에 열 가지 정도밖에 맛보지 못했다.

이 과자는 정말 달기 때문에 단 것을 싫어하는 사람에게는 인기가 없다. 하지만 난 이 과자를 모로코 민트 티와 함께 먹어보라고 권하고 싶다. 민트 티가 과자의 단 맛을 어느 정도 삭여주고 그 어울림이 독특하기 때문에 친숙해질 수 있을 것이다.

누군가에게는 이곳이 그저 허름한 장사꾼들이 모여 있는 곳에 불과할 수도 있다. 하지만 나는 하부스를 멈춰진 시간의 공간이라고 생각한다. 갈 때마다 같은 모습으로 나를 반긴다. 옛 것이 남아있는 곳, 아직까지 중국의 싸구려 물건들이 침범하지 않은 곳이다. 빠르게 변화하는 카사블랑카에서 모로코의 전통을 맛볼 수 있는 몇 안 되는 곳 중 하나인 하부스는 시간이 날 때마다 잠시라도 들러보고 싶은 곳이다.

하디샤

아주엘로스 사장님 집에는 하디샤라는 가정부가 함께 살고 있다. 하디샤는 집 안의 모든 일을 도맡아 한다. 식사, 청소, 손빨래, 장보기, 심부름, 아이들의 온갖 뒤치다꺼리는 물론 사장

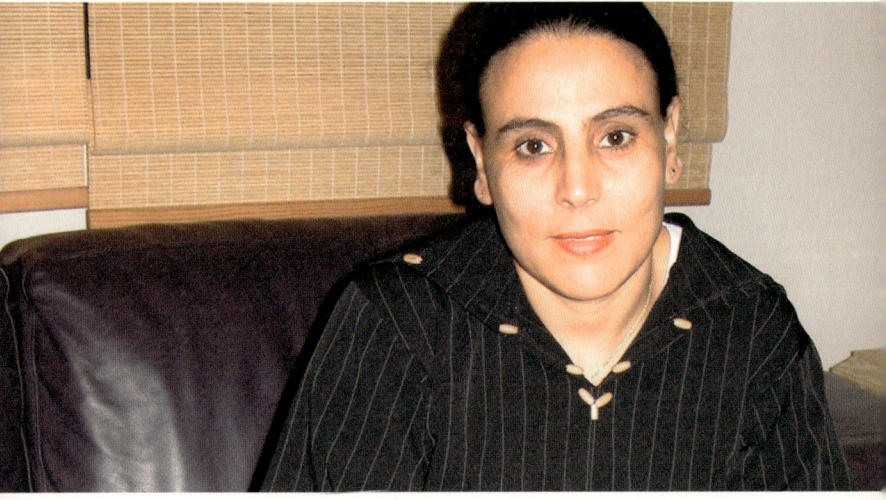

님의 돈 관리까지 한다. 사장님의 신뢰가 이만저만이 아닌 것 같다.

하디샤는 집에서는 항상 하얀색 가운에 머리를 수건으로 동여매고 슬리퍼를 신고 지낸다. 단지 그녀뿐이 아니라 다른 집에서 가정부로 일하는 사람들도 한결같은 복장인데 청결을 유지하기 위해서뿐 아니라 주인과 가정부를 구별하기 위해서가 아닌가 싶다. 대신 외출할 때는 모로코 사람들이 항상 사용하는 뾰족한 모자가 달린 긴 망토를 입는다.

하디샤는 집 안에서 일어나는 모든 일에 대한 책임을 진다. 사장님도 무슨 일만 생기면 "하디샤아!" 하고 길게 목청을 늘여 부르는데 하디샤는 부엌에서 어슬렁어슬렁 걸어 나오며 심드렁하게 "왜 그래요 또?" 하고 묻는다. 이럴 때마다 사장님은 하디샤네 집에 자기가 얹혀 사는지 자기 집에 하디샤가 와서 사는지 잘 모르겠다고 말하곤 했다.

처음에는 주인을 대하는 태도가 무척이나 불량한 것 같아 좀 이상했는데 오래 같이 지내다 보니 이해가 되었다. 모두들 한 식구 같은 것이다.

하디샤는 몸집이 크지 않지만 힘도 세고 뭐든지 척척 해낸다. 사장님이 물건을 어디 두었는지 몰라 하디샤를 부르면 그녀는 어느 구석에서든 찾아낸다. 잡지, 담배, CD, 컴퓨터 부품, 각종 서류 등 하찮은 것에서 중요한 것까지 집 안에 존재하는 것이라면 뭐든지 찾아낸다.

하디샤는 일주일에 한 번씩 카펫 청소와 테라스 청소를 한다. 의자를 들어내고 먼지를 털고 닦고 말끔하게 정리하는 것이다. 그래서 사

장님의 집은 항상 깨끗하고 그 많은 선인장과 꽃나무들이 건강하게 잘 자란다.

한번은 집에 이상하리만큼 큰 벌레가 한 마리 들어왔다. 나방도 아니고 사마귀도 아닌 처음 보는 희한한 벌레가 거실을 웅웅거리며 날아다녔다. 사장님의 아이들은 막 소리를 지르며 도망 다니고 나 또한 벌레라면 질색을 했기 때문에 얼른 방으로 숨어 들어갔다. 하디샤도 역시 여자이기 때문에 당연히 겁이 났겠지만 자신이 아니면 아무도 이 벌레를 잡을 사람이 없다는 것을 알아서인지 아이들과 똑같이 소리를 지르면서도 긴 빗자루를 들고 뛰어다니다 결국에는 이 정체불명의 벌레를 잡는 데 성공했다. 대단한 하디샤이다.

하디샤는 요리를 잘 한다. 그중에서도 초콜릿 케이크를 유난히 잘 만든다. 하디샤의 초콜릿 케이크를 한 번 먹어본 후부터는 다른 초콜릿 케이크는 맛이 없어 먹을 수가 없다. 이 초콜릿 케이크를 먹으러 일요일마다 사장님 집을 방문하는 친구들도 있으니 그 솜씨를 짐작할 수 있을 것이다. 내가 너무 좋아하니까 하디샤가 카사블랑카에 출장을 갈 때마다 초콜릿 케이크를 만들어주는 바람에 결국 원치 않은 약간의 뱃살이 붙어버렸다.

예전에는 하디샤의 동생 파티하도 사장님 집에서 일을 했다. 지금은 건강상의 문제로 그만뒀다고 하는데 속사정은 알 수가 없다. 파티하는 언니와 다르게 수줍음을 많이 탔다. 그녀가 내 이름을 처음 부른 것이 출장을 다니기 시작한 지 일 년 반이나 지나서였으니 그 수줍음

은 세계 랭킹에 들 정도다. 파티하는 항상 웃는 얼굴로 필요할 때 대답만 했고 눈을 마주치면 수줍게 웃다가 금방 어디로 가버린다. 하지만 그녀의 빵 굽는 솜씨는 수준급이었다.

하디샤는 한 달에 한 번 이틀간의 휴가를 받는다. 휴가 때면 부모님과 다른 형제들이 있는 라바트에서 쉬고 오는데 형제가 모두 일곱 명이나 되는 대가족이란다. 내가 남동생 한 명과 나 단 둘뿐이라고 하자 퍽 안됐다는 표정을 지었다.

정통 모로코인인 하디샤는 독실한 이슬람교인이다. 이슬람교를 믿는 사람들은 하루에 다섯 번씩 알라에게 절을 하며 기도를 하는데 하디샤도 마찬가지다. 새벽 네시에 하는 기도는 내가 그 시간에 깨어 있지 않아 한 번도 보지 못했지만 아침에는 부엌 문을 열고 들어가면 머리에 두건을 쓰고 기도하는 그녀와 마주칠 때가 종종 있어 상당히 미안했다. 결국에는 하디샤의 기도시간을 적어 놓고 그 시간을 피해 부엌에 들어가는 방법을 택했다.

모로코의 부자들은 대부분 집사나 가정부들을 두고 산다. 이들은 하디샤처럼 같이 살거나 매일 아침마다 와서 청소하고 장을 보고 음식을 준비하고 돌아간다. 인건비가 비싸지 않기 때문이기도 하겠지만 아마 전통적인 풍습인 것 같다. 물론 모든 모로코 사람들이 다 이런 것은 아니다. 부 유층 일부만이 이러한 특권을 누리고 있고 대부분의 모로코 국민들은 평범한 삶을 살고 있다.

하디샤는 항상 집안일에 묶여 있기 때문에 남자친구를 사귈 시간조

차 없다. 아니면 이러한 삶을 알라가 결정해준 자신의 운명이라 생각하고 결혼이라는 것을 아예 생각하지 않는지도 모르겠다. 지극히 개인적인 일이라 한 번도 묻지는 않았지만 그들 자신을 위해서는 참 안타까운 일인 것 같다.

얼마 전 아주엘로스 사장님은 노트북 컴퓨터를 구입했다. 개인적으로 오는 메일을 확인할 겸 컴퓨터 사용법을 배울 겸 해서 샀는데 사장님은 시간이 없어 계속 컴맹으로 남아 있고 현재는 하디샤의 컴퓨터 게임용이 되었다. 생전 처음 다뤄보는 컴퓨터라 켜고 끄는 것밖에 모르던 하디샤는 내가 카사블랑카에 갈 때마다 사용법을 물어보곤 한다. 그때마다 사장님은 "한국과 아랍이 뭉쳤으니 이제 유대인은 큰일났다"라고 농담을 한다. 내가 컴퓨터 사용법을 가르쳐주는 대신 하디샤는 내 프랑스어 선생의 역할을 톡톡히 해준다. 갈 때마다 하디샤와 프랑스어로 얘기하다 보면 나도 모르게 실력이 향상되는 것을 느낀다.

카사블랑카에 갈 때마다 나를 편하게 해주는 하디샤, 그녀가 있다는 것이 고마울 뿐이다.

하산 2세 이슬람 성전

모스케아는 이슬람교를 믿는 사람들의 성전이다. 기독교인의 교회나 성당, 불교의 절, 유대교의 시나고그 Synagogue 유대인들의 성전와 같은 곳이다. 모스케아는 원칙적으로는 이슬람교 신자가 아닌 사람들은 입장이 불가능하지만 카사블랑카에 있는 하산 2세 성전

은 기도시간을 제외하면 입장료를 내고 방문이 가능하다.

하산 2세 이슬람 성전을 방문한 날 모스케아 입구에서 옹기종기 모여 앉아 지도교사를 기다리고 있는 귀여운 꼬마들을 만났다. 저 아이들은 아마도 내가 어렸을 때 소풍 가는 날 느꼈던 것과 같은 설렘으로 집을 나섰을 것이다. 너무나 귀여워 한마디 붙여보려고 가까이 다가가자 아이들은 놀란 눈으로 나를 쳐다봤다. 미안하기도 하고 당황스럽기도 해서 얼른 자리를 떠났다.

나는 프랑스어를 못 했기 때문에 영어로 설명하는 그룹에 합류했다. 가이드를 하는 여자는 검은색 머플러를 머리에 쓰고 열심히 설명해주었다. 말끝마다 "Everything is clear?"라고 묻고 모두 그렇다고 대답하면 다음 장소로 옮겨갔다.

이 하산 2세 이슬람 성전은 세계에서 셋째로 큰 이슬람 성전이자 가장 서쪽에 있는 성전이기도 하다. 높이는 175미터로 세계에서 가장 높은 이슬람 성전이다. 1989년 전 왕의 60세 생일을 기념하여 짓기 시작하여 1993년에 완공하였다.

이 성전은 바닷가에 세워졌다. 모로코 사람들의 말에 의하면 코란에 쓰인 "알라는 물 위에 그의 성전영광을 가진다"라는 문장과 이 성전의 위치가 일치한다고 한다. 이 성전은 먼 바다에서도 보이고 카사블랑카의 모하메드 공항에서 시내로 들어올 때도 보인다.

프랑스의 건축가 미셸 펭소Michel Pinseau가 설계한 이 성전의 공사비용 6억 7,500만 유로는 모두 기부금으로 충당되었다고 한다. 또한 공

사에는 총 3만 5,000명이라는 어마어마한 인원이 동원되었다고 하는데 성전의 규모를 보니 그 숫자가 이해가 된다. 성전의 외부와 내부는 모두 이탈리아 대리석을 사용했다. 성전 중앙의 지붕은 전기 장치를 사용해 열리게 만들었고 양 옆에 달린 전등도 올라갔다 내려갔다 한다고 한다. 만일 왕이 기도에 참여하는 경우는 성전 앞의 큰 의자로 모신다는데 왕은 중앙의 카펫을 밟고 앞까지 걸어간다고 한다.

성전의 내부는 한꺼번에 2만 명이 들어가서 기도할 수 있는 방대한 크기이며 성전 주변 광장에는 8만 명이 들어올 수 있다. 성전이 큰 만큼 관리하는 사람도 300명이나 된다. 이들은 성전을 항상 청결하게 유지하려고 최선을 다한다.

가이드의 설명을 들으면서 주변을 둘러보았다. 아랍식으로 디자인된 창살 사이로 들어오는 햇살이 눈부시게 아름다웠다. 그 너머로 보이는 드넓은 바다는 더욱 일품이었다. 나도 다른 관광객들과 함께 창문 앞에서 넋을 놓고 바다를 바라보았다. 알라신이 왜 성전을 바다 위에 두었는지 알 것 같았다.

1층의 관람이 끝나고 지하로 내려갔다. 이곳은 속죄를 위해 사용되는 분수가 있는 곳으로 물로 몸을 씻으며 죄를 씻는다고 한다. 이는 가톨릭의 고해성사와 비슷한 효과를 갖는 것 같다.

성전 밖으로 나와 다시 다른 계단을 통해 지하로 내려갔다. 이곳은 이슬람교의 유명한 공동 목욕탕인 하맘Hammam이 있는 곳으로 내가 방

문했을 때는 공사가 막 끝난 참이어서 아직 사용되기 전이었다. 하맘은 남탕과 여탕이 따로 구분되어 있고 쉴 수 있는 공간이 가장자리에 마련되어 있다. 나중에 다시 오게 되면 하맘에서 목욕을 한번 해보리라 생각했지만 아직까지 실천에 옮기지 못했다.

난 아직 이슬람교인들이 성전에서 기도하는 모습을 본 적이 없다. 기도 중에는 외부인의 방문이 허락되지 않기 때문이다. 단 한 번 이탈

리아의 어느 역에선가 기차의 출발을 기다리며 멍하니 창밖을 바라보고 있는데 건너편에서 어슬렁거리던 한 흑인 노인이 갑자기 입고 있던 망토를 바닥에 깔고 메카가 있는 곳이라고 짐작되는 방향을 향해 절하며 기도하는 것을 본 것이 전부다. 이 노인은 자신이 구경거리가 되는 것은 염두에도 두지 않고 오로지 기도할 뿐이었다. 난 기차 안에서 이 노인을 보며 이슬람교의 오묘한 끌림을 경험했다.

신을 모시는 모든 곳이 다 그렇듯 이슬람 성전도 경건한 마음가짐

을 갖게 한다. 종교란 과연 무엇일까? 인간은 자신이 믿는 신을 위해 신의 집을 짓고 신을 찬양하는 그림을 그리며 노래를 한다. 유럽에 남아 있는 대부분의 유적들이 하느님의 집인 교회를 위해 만들어진 것이고 성서 이야기를 표현한 것임을 볼 때 종교의 힘을 다시 실감하게 된다. 사람의 힘으로 불가능하다고 생각되는 것들을 종교적 믿음은 이루어내고야 만다.

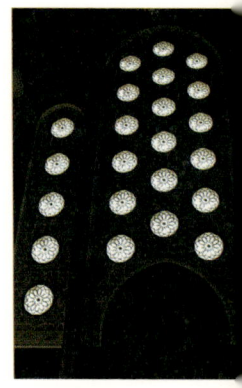

나는 가톨릭 신자다. 하지만 다른 종교에 편견을 갖고 있지는 않다. 불교의 가르침도 좋고 개신교의 자유로움과 열정도 좋다. 하지만 이슬람교에 대해 내가 아는 것은 너무 빈약하다. 하루에 다섯 번 메카를 향해 기도를 해야 한다는 것, 라마단 기간에는 단식을 해야 한다는 것, 여성의 지위가 아직도 향상되지 않았고 남자가 부인을 네 명까지 둘 수 있다는 것, 그리고 이스라엘과 끊임없는 종교 전쟁을 한다는 것 등의 단편적인 지식이 대부분이다.

카사블랑카의 하산 2세 신전은 서쪽으로 지는 해를 가장 마지막까지 지켜본다. 이 집에 사는 알라신도 지는 해를 마지막까지 볼 것이다. 그리고 자신을 믿는 모든 신자들의 기도를 들을 것이다.

신전을 다시 한 번 돌아보았다. 나를 압도한다.

오늘 알라는 과연 나를 반겼을까?

바다와 석양, 그리고 그 한가운데 당당히 서 있는 웅장한 신전을 뒤로 하고 나는 천천히 그 자리를 떠난다. 내가 믿는 하느님과 저 모스크의 알라신은 같은 존재일까 다른 존재일까라는 부질없는 생각을 하며……

카사블랑카의 해변

카사블랑카는 대서양에 접해 있다. 그래서 한여름에도 저녁에는 바다에서 불어오는 바람 덕분에 선선하고 모기도 없다. 어항이 있어 싱싱한 생선도 싼 값에 구할 수 있고 피서를 굳이 다른 곳으로 갈 필요도 없다.

내가 카사블랑카를 좋아하는 이유 중 하나는 바로 이 바다가 있기 때문이다. 난 산보다 바다를 더 좋아한다. 막힌 것 없이 탁 트인 것이 내 영혼을 자유롭게 하기 때문이다. 이 해안에 자주 나가지는 못해도 시내에서도 가끔 짭짤한 바다냄새를 맡을 수 있고 갈매기도 볼 수 있다. 그리고 정말로 바다가 보고 싶을 때는 차를 타고 15분만 달려가면

된다.

 카사블랑카의 해변을 처음 본 느낌은 인천의 월미도와 비슷하다는 것이었다. 레스토랑과 카페로 가득 찬 해변을 연인들과 가족들이 저

녁놀을 등지고 한가롭게 거닐고 있었다. 어느 나라건, 그리고 그 나라의 종교가 무엇이건 간에 연인들의 모습은 아름답다. 특히 바닷가에서 보는 연인들은 더 낭만적이다. 지는 해는 이들을 영화의 주인공으로 만들어주었다.

 카사블랑카의 해변이 월미도와 다른 점이라면 깨끗한 모래사장이 수십 킬로미터에 걸쳐 펼쳐져 있다는 것과 해변가를 길게 두른 하얀 난간이 아라베스크 디자인으로 장식되어 있다는 점이다.

 이곳에는 우리에게 많이 익숙한 레스토랑도 보인다. 다름 아닌 맥도날드이다. 맥도날드의 글씨가 아랍어로 적혀 있는 것을 보니 또 다

른 느낌이 든다. 이것은 아마도 미국 사람이 우리나라를 방문했을 때 '맥도날드'가 한글로 써 있는 것을 보고 느끼는 것과 같을 것이다.

카사블랑카에는 극장이 딱 한 군데 있다. 그 유일한 극장이 이 해변가에 있고 새벽까지 영업하는 디스코텍도 즐비하다. 자본가들이 투자하는 새로운 쇼핑몰이 계속 신축되고 있고 주변에는 부호들의 빌라촌이 형성되어 있다.

처음으로 카사블랑카 해변을 본 것은 첫 출장의 마지막 날이었다. 첫 출장이어서 많이 긴장했었는데 생각보다 좋은 디자인을 할 수 있었다. 아주엘로스 사장은 열심히 일한 것에 대한 상으로 카사블랑카의 명소를 내게 보여주고 싶었던 것 같다. 해변에 도착한 시간은 마침 해가 질 무렵이었는데 태양이 수평선에 닿으면서 번지는 저녁노을은 정말로 근사했다. 바람이 많이 불고 파도가 높아 해수욕을 하는 사람은 거의 없었다. 가끔 난 대자연 앞에서 너무 낭만적이 되는 경우가 있는데 이날이 그랬다. 얼마 만에 보는 노을이던가. 이 노을은 한국에 있을 때 월미도에서 보던 노을과 다를 바가 없었다. 갑자기 집 생각이 나 눈물이 핑 돌았다. 다행히 아무도 눈치 채지 못했다. 해가 지자마자 우리는 자리를 떠났다. 너무나 아쉬운 순간이었다.

첫 출장 이후 해변으로 산책을 가는 일은 거의 없었다. 어쩌다가 밤에 바람을 쐬러, 혹은 아이스크림을 먹으러 사장님 식구들과 간 경우

는 있었지만 처음에 본 장관을 보지는 못했다. 이탈리아의 친구들은 내가 카사블랑카에 출장 간다고 하면 일요일마다 카사블랑카의 해변에서 일광욕을 즐길 거라 착각하곤 했지만 난 일요일에도 혼자 자유롭게 나다닐 수도 없었을뿐더러 일주일 중에 주어진 단 하루의 휴일은 집에서 편하게 쉬고 싶었기 때문에 해변에 가지 않았다.

2007년 2월, 출장기간을 거의 마치고 밀라노로 돌아오기 하루 전날 사장님은 숍에서 일하는 직원들을 모두 해변에 있는 레스토랑으로 점심 초대를 했다. 우리는 해변이 보이는 테라스에 앉았다. 20도가 넘는 포근한 날씨에 햇살은 따뜻했고 바람이 불어 파도는 첫날 본 것처럼

높고 힘찼다. 식사가 끝나고 멍하니 바다를 바라보다가 문득 이탈리아어로 중얼거렸다.

"신은 참 공평하셔."

이 말은 사장님만 알아들었다. 다른 직원들은 프랑스어 외의 다른 외국어를 몰랐기 때문이다. 사장님도 말은 알아들었지만 내가 갑자기 왜 뚱딴지 같은 말을 했는지 그 이유는 잘 몰랐을 것이다.

나같이 평범한 기독교인이건, 숍의 직원들처럼 가난한 이슬람교인이건, 사장님 같은 부자 유대인이건 간에 신은 인간에게는 공평하게 자신의 창조물인 대자연을 선물하고, 누구나 그 선물을 기쁘게 받아 누릴 수 있게 해주셨다는 내 말의 속뜻까지 사장님은 혹시 짐작했을까.

달의 숨결, 마라케쉬

마라케쉬

2003년 8월의 밀라노는 37도 이상을 가리키는 무더운 날씨가 계속됐다. 이 해 이탈리아에서는 비공식적인 집계로는 5,000명 이상이, 프랑스에서는 2만 명이 더위로 사망했는데 대부분은

노인이었다.

 난 이 더운 날씨에 북유럽이나 북극, 혹은 캐나다 등으로 피서를 떠나지 않고 오히려 아프리카 모로코로 피서 겸 출장을 떠났다. 회사일 관계로 마라케쉬에도 며칠 머물게 되었다.

 비행기가 카사블랑카를 이륙한 지 얼마 되지 않은 것 같은데 아래로 마라케쉬가 내려다보이기 시작했다. 그날은 소나기가 내려 하늘이 반은 흐리고 반은 맑았는데 갑자기 유리창 너머 구름 사이로 무지개가 나타났다. 지금까지 하늘에서 무지개를 본 것은 그때가 처음이자 마지막이었다.

 공항에 내리자마자 마치 사우나에 들어가는 것처럼 후끈한 열기가 사막에 가까이 와 있음을 알려주었다.

 입국 심사를 마치고 엔진 소리가 요란한 80년대 형 중고 벤츠 택시를 타고 드디어 마라케쉬 시내로 들어왔다. 환상적인 도시 마라케쉬에 내가 드디어 왔다!

 마라케쉬는 카사블랑카에서 비행기로 약 30분 정도 남쪽으로 날아가면 나오는 도시로 이국적인 정취를 물씬 풍기는 관광 도시다. 지도상으로 모로코의 중심에 있으며 사하라 사막에서 가장 가까운 대도시인데, 11세기 이곳에 처음으로 모로코의 첫 행정 수도가 수립되면서 Bled El Siba법 없는 땅와 Bled El Makhzen정부의 땅의 분수령이 되었다.

 마라케쉬에는 약 백만 명 정도의 시민이 살고 있는데 빠른 속도로

인구밀도가 증가하고 있다. 이 상황은 마라케쉬 주변에 계속 올라가고 있는 새 건물들만 봐도 알 수 있다. 현재 마라케쉬의 경제도 빠르게 성장하고 있다. 프랑스의 패션 브랜드 '에르메스'도 다른 회사들과 마찬가지로 이곳에 공장을 가지고 있으며 모로코 디자이너들은 손으로 만든 철골 가구와 카펫, 그림이 그려진 나무로 만든 가구 그리고 주얼리_{특히 은} 등을 주문 제작하여 외국으로 수출한다.

게다가 '프랑스 에버뉴' 대로에 최근 세워진 국제 회의장은 이 도시를 세계적으로 유명하게 하는 데 한 몫을 했다. 1998년 제네럴 모터스가 발표한 OPEL 자동차의 신제품 발표회를 이곳에서 했는데 전 세계에서 참여한 약 2만 명의 직원과 함께 치러진 이 행사는 한 달 동안이나 계속되었다고 한다.

마라케쉬는 또한 영화와 광고업계에서도 유명해지고 있다. 〈미이라The Mummy〉나 〈히디어스 킨키Hideous Kinky〉 등의 영화가 이곳에서 촬영 되었고 매년 12월엔 영화 축제Cinema Festival가 열려 미국과 유럽 관광객을 유치하고 있다.

마라케쉬는 크게 '메디나Medina'와 '궬리즈gueliz'의 두 구역으로 나눌 수 있다. 관광객들에게는 메디나가 더 큰 관심을 끄는데 좁고 꼬불꼬불한 길과 옛날의 유적지들이 남아 있는 곳이다. 궬리즈는 잘 정돈된 길과 정원, 호텔과 레스토랑들이 많은 신시가지로 관광보다는 숙식과 편의가 제공되는 곳으로 볼 수 있다. 마차를 타고 반나절 정도 돌면 궬리즈의 아름다운 집과 정원을 마음껏 감상할 수 있다.

이 구역에서 가장 유명한 곳으로는 프랑스 화가 루이 마조렐Louis Majorelle의 정원이 있다.

메디나와 숙

메디나는 '자마 엘 프나Jemaa el Fna'라는 중앙 광장을 중심으로 북부와 남부의 두 지역으로 나눌 수 있다. 북부는 남대문 시장과 같이 많은 가게가 들어선 '숙Souk'이라는 곳이 유명하다. 숙의 골목은 '빛의 점선으로 덮인 어두운 터널'이라고 설명할 수 있겠다. 길들은 대부분 좁고 긴 나무판자로 만들어진 지붕으로 덮여 있어서 판자의 사이

사이로 멋진 그림자를 만들어낸다. 판자의 사이로 떨어지는 햇살이 극장의 스포트라이트보다 더 아름다워 보이는 곳이 바로 이곳이다. 자전거와 오토바이를 탄 사람들이 짐을 가득 싣고 골목골목을 다니는데 너무 좁은 곳이라든가 위험한 곳 등에는 자전거 통행금지 표지판을 걸어두기도 했다.

이곳에서는 눈만 내놓고 온 머리를 천으로 감은 아주머니가 미니스커트에 소매 없는 티셔츠를 입고 샌들을 신은 딸과 함께 다니는 진풍경도 자주 접할 수 있다. 각각의 상점마다 상품을 테이블 다리가 부러질 정도로 가득 쌓아 놓고 판다. 화려한 색상의 카펫과 스카프를 담처럼 쌓아 놓거나 혹은 유명한 모로코의 가죽 슬리퍼 '바부쉬'와 화려한 그림이 그려진 세라믹 접시를 마늘이나 굴비같이 천장에 주렁주렁 달아 놓고 파는 모습들 또한 마라케쉬의 숙 이외의 곳에서는 만나기

쉽지 않은 진풍경이다.

이 길을 따라 걷다 보면 주얼리 가게가 가득한 골목에 도착하게 된다. 이곳에서 주로 파는 주얼리는 은과 불투명 보석으로 만든 것들로 벽면을 가득 메운 손 형태의 메달과 나선형 메달, 가슴장식과 편이 굵은 피불 등이 아주 인상적이다. 이곳에서 파는 주얼리는 도색 도금을

하지 않아 거친 느낌이 나기도 하고 오래된 느낌이 들기도 한다. 하지만 진짜로 오래된 주얼리는 박물관에서만 볼 수 있기 때문에 이것들은 다 요즘 만든 엔틱 느낌의 주얼리이다. 모로코의 주얼리는 사실 옛날 박해를 피해 스페인에서 이민 온 유대인들에게서 전수된 것으로, 이는 전통 주얼리에서 찾아볼 수 있는 다윗의 별에서 눈치 챌 수 있다. 주얼리 가격은 그리 비싸지는 않지만 엔틱 스타일을 좋아하지 않는 사람들에게는 그다지 흥밋거리가 되지 않을 수도 있다.

　마라케쉬에서 유명한 또 한 가지는 염색이다. 염색을 하는 곳으로 가려면 중앙 광장으로 다시 돌아가야 한다. 이곳은 숨어 있는 작은 광장이다. 가정집의 마당과 같은 이곳은 나무로 만든 벽과 담 위에 주렁주렁 색실을 걸어두었다. 총천연색의 살아 있는 색상을 가진 실 뭉치로는 여인들이 쓰는 두건과 옷을 만든다. 마당 건너편에는 갖가지 색상의 큰 숄들을 걸어 놓고 파는 가게가 있다. 상인들은 매우 친절해서 진열되어 있던 숄을 하나 꺼내어 내게 머리를 감싸는 법을 알려주었다. 이 천으로 머리를 둘둘 말고 보니 나도 아랍 여자처럼 보였다. 내 모습이 어색해 어쩔 줄을 몰라하니 그곳에 있던 사람들이 모두 웃음을 터트렸다.

　마라케쉬에서는 아직도 손으로 염색을 하는 모습을 볼 수 있다. 그러나 염색 공정이 점점 기계를 사용한 대량생산으로 바뀌어가면서 수공으로 하는 염색은 마라케쉬와 페스Fes에 간간이 남아 있을 뿐이다.

　메디나 중앙 광장의 오른쪽으로 돌면 바로 골동품 시장이 나온다. 이곳에는 별의별 물건이 다 있다. 내 생각에는 이곳이 메디나를 가장 잘 설명해주는, 우리를 과거로 데리고 가는 타임머신과 같은 장소다. 양은 그릇과 물 항아리, 찢어진 가죽 가방, 은으로 만든 19세기의 동전과 돌로 된 촛대, 단검자루 등 전 세기의 생활상을 보는 것 같다. 마치 낙타를 타고 사막을 횡단하는 한 나그네의 살림살이 같다.

메디나는 모든 방문객을 잠시나마 다른 시간대의 세계로 안내한다. 마치 한두 세기 전으로 돌아가는 것 같다. 골목골목을 지날 때마다, 전통문양의 디자인으로 뚫린 담을 통과할 때마다 시간의 문을 통과하는 것이다. 숙을 빠져나와 광장으로 나오면 다시 현실 세계로 돌아온다. 이것은 참 신비한 경험이다. 시간은 숙 안에서 멈춰버린다. 외부의 어떤 변화에도 아랑곳없이 시간이 정지해버리는 것이다. 마라케쉬의 메디나는 전에도 그랬고 지금도 그렇듯이 앞으로도 '영원히' 멈춰진 시간 안에서 우리를 맞이할 것만 같다.

블루아이 호텔에서

마라케쉬에서의 첫 나흘간은 메디나 가까이 있는 모로코 전통 양식의 호텔에 묵었다. 호텔은 주택가의 골목 사이사이를 들어간 안쪽에 자리 잡고 있었다. 우리 일행이 큰길에서 택시를 내리자 한 할아버지가 리어카를 끌고 나타났다. 호텔까지 짐을 가지고 갈 짐꾼이었다. 호텔 안까지 이어진 골목에는 전등도 없었다. 자칫하면 길을 잃을 판이어서 오른쪽으로 한 번, 왼쪽으로 두 번…… 이렇게 세며 겨우 길을 기억했다.

호텔 문은 일반 가정집 문과 다를 바가 없었다. 밖에는 호텔이라는 간판조차 내걸지 않았고 문 위를 비추는 노란색 전등 하나만 달랑 있었다. 그러나 호텔에 발을 들여놓는 순간 난 다른 세상으로 들어가는 것 같았다. 가로로 긴 ㅁ자 모양의 아담한 안뜰 한가운데에는 모자이크로 장식된 작은 수영장이 있고 그 가장자리를 촛불과 등으로 장식해서 분위기가 매우 로맨틱했다. 객실은 전부 다섯 개로 한 번에 최대 열 명만 머물도록 되어 있었다.

수영장 주변으로는 테이블과 긴 의자들을 놓아 휴식 장소를 마련했다. 수영장 뒤쪽에는 간이 응접실이 있어 만남을 가지거나 간단한 식사

를 할 수 있게 했다. 수영장의 네 모퉁이에는 촛불을 담은 등을 놓아 환상적인 분위기를 자아내었다. 호텔에서 일하는 젊은 여자가 내 짐을 가지고 2층으로 올라가는 바람에, 아쉽지만 호텔 탐험은 다음 날 아침으로 미루고 방으로 올라갔다.

내 방은 작지만 아름다웠다. 침대가 하나 들어갈 정도의 넓이였지만 방 안에 놓인 장식품들은 모두 전통 모로코 가구였다. 원색의 타일을 사용해 모자이크로 장식한 입구, 자개로 만든 거울 테두리, 철근을 사용해 만든 테이블과 긴 촛대, 그리고 바닥에는 모로코 카펫이 깔려 있었다. 내게는 이 모든 것이 새로울 뿐이었다.

더욱 놀라운 것은 화장실이다. 화장실과 방 사이에는 전통 디자인으로 뚫린 벽이 있을 뿐 문이 달려 있지 않았다. 샤워하는 곳에도 문

이 따로 없었다. 한쪽 구석에 둥그렇게 담을 쌓고 모로코 디자인으로 입구를 만들었을 뿐이다. 대신 바닥과 벽을 연결한 턱을 만들어 물이 밖으로 나가지 않도록 했고 샤워실 안에는 비누나 샴푸 등을 놓도록 벽을 파내 틀을 만들어놓았다. 첫날은 익숙하지 않은 환경에 조금 부담스럽기도 했지만 혼자 쓰는 방이니 누가 볼까 신경 쓰지 않아도 좋아서 나중에는 오히려 편하다는 생각이 들었다.

그날 밤 새벽 네시, 밖에서 들리는 요란한 소리에 잠이 깼다. 확성기로 누군가가 시끄럽게 떠들기 시작한 것이다. 한 10여 분 정도를 그렇게 방송을 내보내더니 언제 그랬냐는 듯이 다시 조용해졌다. 다음 날 아침 호텔 지배인에게 물으니 이 방송은 알라신에게 바치는 새벽

기도이고 매일 다섯 번씩 메디나의 확성기로 코란을 읽어준다고 했다. 이것은 가톨릭 국가인 이탈리아에서 매일 세 번씩 성당의 종을 치는 것과 같다는 생각이 들었다. 난 이 호텔에 묵는 나흘 동안 새벽 네 시만 되면 코란 낭독을 들으며 잠을 설쳐야만 했다.

아침이 되어 수영장 옆 테이블에서 아침 식사를 했다. 꿀을 바른 핫케이크과 민트 티, 그리고 프랑스식 크로와상과 커피 등이 나왔다. 식사를 끝내자마자 난 카메라를 들고 온 호텔을 돌아다니기 시작했다.

나를 가장 사로잡은 것은 정원이었다. 중심이 되는 수영장 바닥은 푸른색의 타일을 사용해 모로코 스타일로 디자인되었고 그 옆은 누울 수 있는 긴 의자나 등나무 의자 등을 놓아 휴식 공간으로 만들었다.

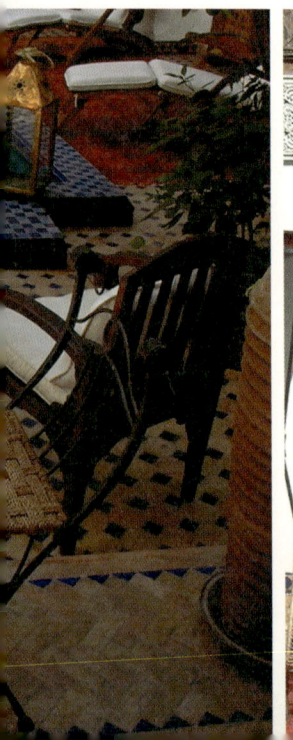

바닥은 분홍색과 푸른색의 타일로 되어 있었고 테이블과 식탁이 있는 곳마다 카펫을 깔아 수영장과 나무와 함께 화려한 색의 조화를 이루었다.

 정원의 가장자리는 여러 개의 방이 다양한 스타일로 나뉘어 있었다. 호텔 리셉션으로 사용되는 아담한 방에는 벽난로와 낮고 긴 소파

가 있고, 전통 카펫이 깔려 있었다. 오래된 가죽 상자를 엎어서 테이블로 사용하는 것도 인상적이었다. 이 방 옆으로는 호텔 로비로 사용되는 듯한 긴 응접실이 있는데 붉은 톤으로 장식되었다. 벽이 두꺼워 소파를 놓는 공간을 벽 안에 만들었고 그 위로 창을 내어 수영장이 있는 정원을 내다볼 수 있게 했다. 마지막으로 응접실은 열린 공간으로 둥근 테이블이 중앙에 놓여 있어 식사가 가능하게 되어 있다. 우리와 같은 기간에 묵었던 프랑스 신혼 부부는 항상 이곳에서 식사를 했다.

이 방에서 내가 가장 좋아했던 것은 벽에 얹어놓은 춤추는 모로코 사람 장식이었다. 실제로 모로코 사람들이 전통 의상을 입고 춤을 추며 악기를 연주하는 것을 메디나에서 보았는데 이 조형물들과 똑같았다.

1층을 구석구석 둘러보고 내 방이 있는 2층으로 향했다. 1층에서 2층으로 올라가는 계단에는 코란을 읽는 모로코 사람이 테라코타로 만들어져 있다. 이 코란 읽는 사람은 무릎을 꿇은 자세로 한 손에는 코란을 들고 다른 한 손은 가슴에 얹고 있다. 내가 방에 올라갈 때마다 이 사람은 코란을 읽다 말고 등 뒤에서 궁금한 듯한 시선으로 나를 바라보곤 했다.

2층으로 올라오면 복도 끝으로 응접실이 하나 있다. 응접실을 끼고 오른쪽으로 돌면 다른 객실이 있다. 어디를 가도 쉴 공간을 마련해놓았다. 내 방의 창문 앞에도 긴 의자와 테이블을 두어 책을 읽거나 일광욕을 할 수 있었다.

옥상으로 올라갔다. 메디나의 집들이 한눈에 보였다. 옥상에는 하맘이라는 아랍식 목욕탕과 커튼이 드리워진 가제보_{정자식 테라스}, 그리고 하얀 벽에 빨간 쿠션으로 장식한 장소가 마련되어 있었다. 하맘은 아궁이 불을 때서 바닥을 뜨겁게 하는 야외 목욕탕으로 여기서는 버터를 닮은 갈색의 비누가 따로 사용된다. 너무 더울 때는 찬물로 몸을

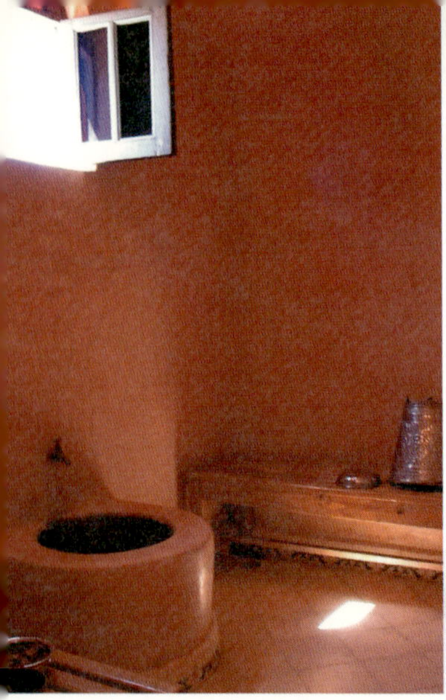
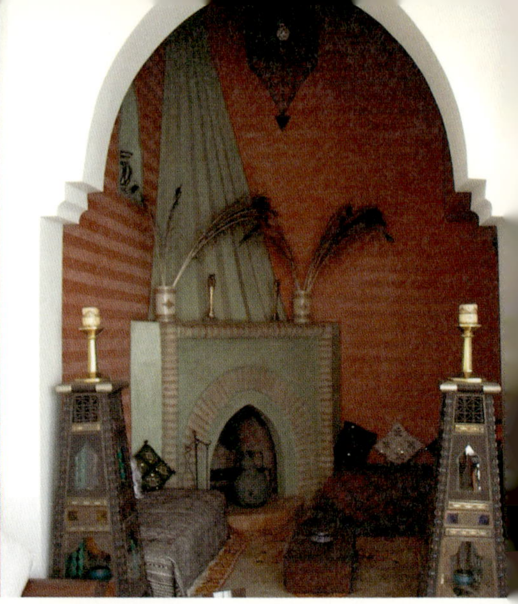
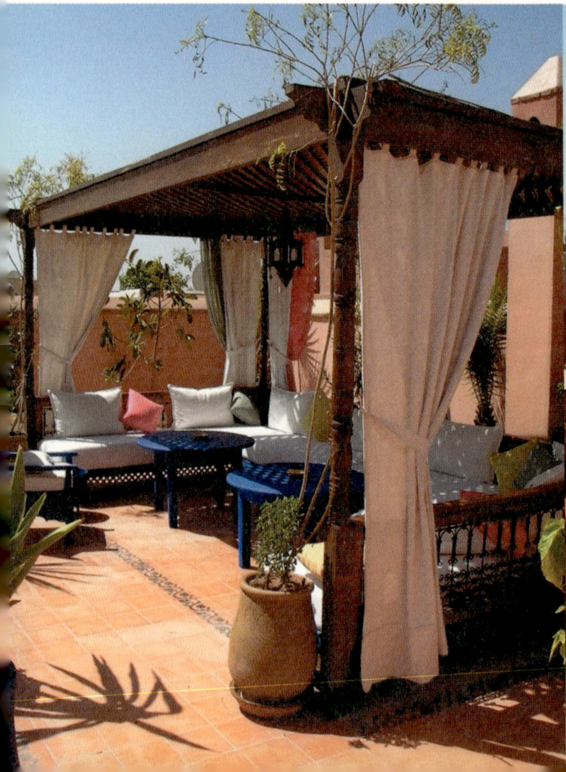
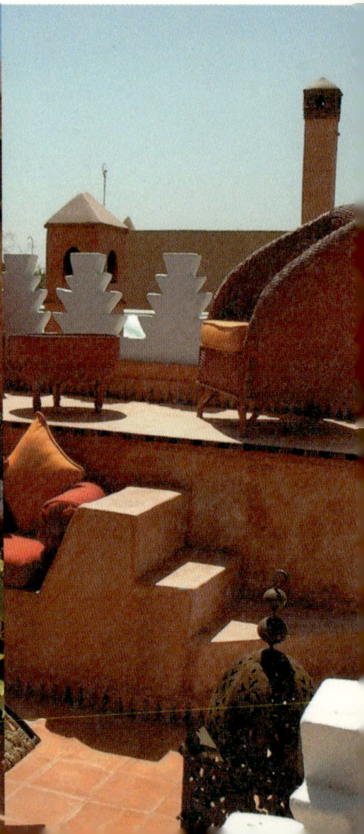

식히도록 한쪽에 물통과 수도도 있다. 이곳에서 목욕을 하고 나오면 40도라는 마라케쉬의 기온이 시원하게 느껴진다.

 이곳에서 보낸 짧았던 휴가는 어쩌면 꿈이었나 싶다. 그만큼 화려한 전통 디자인과 매력적인 문화가 나를 사로잡았다.
 후에 알게 된 것이지만 호텔의 주인은 프랑스 여자로 언젠가부터 모로코의 아름다움에 빠져 이곳에 호텔을 운영하게 되었다고 한다. 충분히 이해가 되었다. 다시 돌아올 기회가 있기를 바라며 호텔을 나섰다.

마차를 타고서

마라케쉬의 메디나 광장 앞에는 관광객을 기다리는 마차들이 항상 줄을 지어 서 있다. 마부와 가격 흥정을 하지 않으면 바가지를 쓰기 때문에 항상 조심을 해야만 했다.

마차는 보통 말 두 마리가 끄는 차양이 달린 것으로 차양은 낮에는 올리고 밤에는 뒤로 접어 내릴 수 있는 것도 있고 고정이 된 것도 있다. 말과 마차 사이에는 길을 더럽히지 않기 위해 말 엉덩이 밑에 자

루를 매어 말의 변을 받도록 했다. 혹시라도 말이 볼일을 본 후에 마차에 타는 사람들은 그 향기를 실컷 맡아야 하는 고통도 따랐다.

마차에 가까이 다가가면 마부들이 서로 자기 것을 타라고 한다. 줄이라고 서기는 했지만 마차의 상태와 가격이 맞으면 중간에 있는 마차를 타도 괜찮다. 마차를 타는 데에는 이유가 있다. 걸어다니기에는 도시가 너무 크고 택시를 타면 천천히 구경을 할 수 없기 때문이다. 마차 관광은 보통 한 시간 정도가 소요되며 가고 싶은 곳을 얘기하면 마부가 알아서 데려다 주니 관광으로서는 최고라 할 수 있다.

처음으로 마차를 탄 것은 도착한 날 저녁을 먹고 나서였다. 시내는 컴컴했지만 모로코 전통 스타일로 장식된 노란 가로등이 사방을 비춰 환상적인 분위기를 연출하고 있었다. 마부는 원래 그런지 아니면 동양여자가 끼어 있어서 그랬는지 매우 친절했다. 그는 시내의 텅 빈 광장과 주택가 사이사이를 지나면서 하나하나 자세히 설명해주었다.

밤의 주택가는 약간 무서웠다. 겁이 많은 나는 아마 혼자서는 다닐 수 없었을 것이다. 좁은 길을 마차로 지나가다 보면 동네의 꼬마들이 동전을 달라고 손을 내밀곤 했다. 이들은 관광객이거 자국민이건 간

에 상대를 가리지 않고 구걸이 생활화되어 있다고 했다.

밤의 마차여행은 아주 낭만적이다. 길에는 차도 많지 않고 네온사인 등의 현란한 불빛도 없다. 그저 마차를 끄는 말들의 말발굽 소리와 야자수들이 흔들리며 내는 쏴 하는 소리만 들릴 뿐이다.

다음 날 아침은 메디나 안을 관광했다. 날씨가 너무 더워 세 시간 이상을 걷기는 무리였고 가져간 1.5리터짜리 물도 이미 다 마셨기 때문에 지쳐서 호텔로 돌아와 점심을 먹었다. 점심 식사 후 내가 혼자서라도 또 마차를 타러 나가겠다고 나서자 사장님이 할 수 없다는 듯 따라 나섰다. 특별한 목적지가 없었기 때문에 전날 밤에 돌았던 메디나의 주변을 다시 돌기로 했다. 마부 할아버지는 주차 관리하는 사람들과 마찬가지로 푸른 가운을 입고 있었다.

호텔에 남은 사람들은 내게 마차를 탈 때는 짧은 치마는 입지 말고 긴 바지를 입으라고 권유했다. 마차의 시트가 청결하지 않기 때문이다. 천으로 씌운 의자는 스폰지가 보이도록 낡았고 인조 가죽으로 된 것도 닳아서 흐느적거렸다.

낮에 보는 마라케쉬는 밤의 마라케쉬와는 또 다르다. 어느 곳이든 사람으로 가득했고 차

들도 빠른 속도로 달렸다. 우리를 태운 마차는 대로변을 따라 따각거리는 말발굽 소리를 내며 유유히 지나갔다.

메디나 주변을 약간 벗어나면 대로변 좌우로 넓은 평지가 나타난다. 여기에서는 염소들이 풀도 뜯어 먹고 한가롭게 거닐곤 한다. 나뭇잎이 우거진 나무 아래에는 염소치기로 보이는 남자가 인생의 모든 고난을 한 몸에 진 것 같은 표정으로 넋을 놓고 앉아 염소들이 나무를 타는지도 모르고 담배를 한 대 문 채 허공을 바라본다. 무슨 생각을 하고 있을까? 어쩌면 아무 생각도 하지 않고 있을지도 모른다. 염소들에게는 그가 이미 아버지 같은 존재이기 때문에 혹시라도 염소들이 길을 잃지 않을까 걱정하는 일은 없을 것 같았다. 그냥 벌판에 놔두어도 염소들은 아버지 곁을 떠나지 않기 때문이다.

조금 더 앞으로 가다 보니 고급 호텔이 나왔다. 희한하게도 이 호텔 마당에 심어놓은 네 그루의 나무 꼭대기에 네 마리의 황새가 각각 같은 곳을 바라보며 나란히 앉아 있었다. 마치 나무의 한 부분인 것 같이 미동도 하지 않는다. 누가 이 새들을 홀린 것일까? 아니면 매일 같은 시간에 있는 그들만의 의식인가? 아니면 자기들이 자란 둥지가 거기에 있는 걸까? 이 새들이 나무의 한 부분이 아니라는 것은 돌아오는 길에 비어 있는 나무 꼭대기를 보고 확인했다. 아마도 의식이 끝났기 때문에 각자 갈 길을 간 모양이다.

마차는 계속 달렸다. 차들과 마찬가지로 사거리에서 좌회전도 하고 직진도 한다. 오가는 차들 때문에 말들이 약간씩 당황해하는 기색도

보였지만 나름대로 이런 생활에 익숙해져 있는 것 같아 보였다.

마부 할아버지는 사진을 찍을 만한 좋은 곳에서 잠시 세워주기도 했다. 얼른 사진을 찍고 돌아오면 마차는 다시 슬슬 출발했다.

난 마차타기를 좋아한다. 뉴욕에 갔을 때도 마차를 탔고 비엔나에 갔을 때도 마차를 탔다. 하지만 뉴욕에서는 센트럴 파크를 반의 반 바퀴 도는 것으로 끝났고 비엔나에서도 역시 20분 정도 시내 관광을 한 것으로 만족해야만 했다. 그런데 마라케쉬의 마차관광은 좀 다르다. 주변의 풍경도 다르고 사람들도 다르고 마부도 다르고 마차도 다르고…… 그래서인지 좀 더 편안한 느낌을 받을 수 있었다.

마차 여행 도중에 호텔로 말머리를 돌려달라고 했다. 갑자기 배가

아팠기 때문이었다. 호텔 앞에서 5분만 기다려달라고 하고 꼬불꼬불한 길을 뛰어 들어가 얼른 용무를 보고 나왔다. 그런데 마차는 온데간데없었다. 합의한 시간이 다 지나지 않았는데 마차가 어디 갔냐고 했더니 마부가 자기 마누라에게 볼일이 있어서 5분씩이나 기다릴 수 없다며 가버렸다고 했다. 당황스러웠지만 마부의 행동에 웃음이 났다.

그 후에도 두 번인가 마차를 더 탔다. 한 번은 메나라(Menara 저수지가 있는 빌라)를 갈 때였고 또 한 번은 야자수 숲을 갈 때였다. 마차를 탈 때마다 일행들은 나보고 마차 타는 것이 그리 좋으냐고 물었다. 좋아하는 내색을 너무 많이 했나 싶어 무안하기도 했지만 사실은 사실인 것, 정말 좋다고 대답하고 미소를 지었다.

메디나의 밤

마라케쉬에 도착한 지 사흘째 되던 날 저녁을 먹고 메디나 자마 엘 프나 광장으로 산책을 나갔다.

광장으로 향하는 길은 인산인해였다. 어디서 이 많은 사람들이 쏟아져 나왔을까? 세련된 젊은이들도 많다. 이들은 분명 관광객이 아닌 현지인이다.

메디나의 밤은 마라케쉬 사람들의 일상을 그대로 보여준다. 가판대로 가득 찬 넓은 광장은 고기와 소시지 굽는 연기로 자욱했다. 이 연

기는 가판대의 수많은 불빛을 받아 영화 촬영장의 세트처럼 보였다. 꼭 신기루가 만들어낸 먹자 골목, 아니 먹자 광장 같다.

이 간이 식당의 좁은 골목골목을 다니다 보면 색다른 것이 눈에 띄는데 바로 프랑스어와 아랍어로 함께 쓰인 메뉴이다. 아랍어는 오른쪽으로부터 읽기 때문에 중앙의 반을 나눠 오른쪽에는 아랍어 메뉴, 왼쪽에는 프랑스어 메뉴를 적어 놓았다. 배가 부르지 않았으면 아무 곳에나 앉아 소시지라도 하나 먹어보고 싶었지만 저녁식사를 너무 거하게 해서 그냥 냄새만 맡으며 이 먹자 광장을 빠져나왔다.

광장은 넓다. 이 넓은 광장의 반이 먹거리용 식당으로 쓰이고 나머지 반은 각종 쇼를 하는 극장으로 이용된다. 요란한 소리를 내며 연주하는 악사들, 위험을 무릅쓰는 뱀쇼, 전통 춤을 추는 사람들 그리고

정체불명의 각종 오락 등으로 광장은 활기를 띤다. 이들은 주로 그룹으로 일을 한다. 관광객이 거리의 예술가들에게 카메라만 들이대면 어디선가 번개처럼 돈 받는 사람이 나타나 돈을 내라고 손을 내민다. 연주하는 사람은 연주에만 신경 쓸 수 있도록 돈 모으는 사람은 따로 있는 것이다. 구경은 공짜로 해도 좋지만 사진은 공짜로 찍을 수 없다? 참 재밌다. 어쩔 수 없이 동전을 5디람 쥐여 주었다.

나는 모로코의 전통 음악에 대해 문외한이기 때문에 이들이 연주를 잘하는지 못하는지는 알 수가 없다. 하지만 이들의 화려한 의상과 몸놀림은 나를 매혹시키기에 충분하다. 붉은색의 긴 원피스와 녹색의 모자, 연주자들이 움직일 때마다 옷은 펄럭거리며 보는 사람의 정신을 쏙 빼놓는다. 악사들이 하는 연주라는 것은 단지 박자를 맞추는 것이고 음은 모두 사람 목소리로 만들어낸다. 가수는 요란한 소리를 내는 놋쇠로 된 탬버린 같은 악기를 흔들며 노래한다.

돈을 주었기 때문에 마음대로 촬영할 수 있었음에도 사진기를 들이대고 찍기 미안해서 한 서너 컷 정도 찍은 후에 구경만 하다가 자리를 떴다.

뱀쇼를 하는 곳은 사람이 너무 많아 가까이 접근하기조차 힘이 들었다. 사람도 사람이지만 너무 가까이 갔다가 뱀이 내 쪽으로 튀어나오면 어떻게 하나 하는 걱정 때문에 가까이 갈 용기가 나지 않았다. 구경꾼들 사이로 쇼맨의 모습을 보니 가관이었다. 한 손에는 뱀을 들고 주변에 있는 사람들에게 던지는 시늉도 하고 목 위에 얹기도 하고

징그럽게 뽀뽀도 했다. 좀 더 가까이서 보고 싶었다. 그러나 사람이 많아 그러지 못하고 나중에 다시 와야겠다 마음먹고 돌아왔지만 그날 이후 메디나 광장에 갈 기회는 더 이상 갖지 못했다.

친구와 가족들끼리 산책을 하고 외식을 하는 것, 사람들의 호기심을 자아내어 장사를 하는 것 등 어느 나라건 어떤 종교를 가진 나라건 사람의 사는 모습은 다 비슷하다고 생각했다. 사는 곳이 다르고

장사하는 방법이 다르고 음식이 다르고 분위기가 다를 뿐이다. 그러나 이 색다른 분위기는 나를 타임머신을 타고 한두 세기 전으로 돌아간 것 같은 착각을 하게 만들었다.

꼬마 가이드

메디나로 관광을 나간 첫날은 사람이 많았다. 메디나는 넓었고 비슷한 신발, 비슷한 옷, 비슷한 그릇을 팔기 때문에 그곳이 그곳 같아서 어느 골목이 본 곳이고 어느 골목이 안 가본 곳인지 알 수가 없었다.

메디나 안을 헤매기 시작한 지 한 30분 정도 지났을까 내가 일행과 열심히 가게의 물건들을 구경하고 있을 때 사장님이 어떤 꼬마와 얘기하기 시작했다. 한 열 살 정도 돼 보이는 이 소년은 우리가 관광객인 것을 알아차리고 동전을 좀 얻을까 해서 접근했던 것 같다. 자주 일어나는 일이었기 때문에 사장님이 알아서 하려니 하고 내버려두었다. 그런데 5분이 지나고 10분이 지나도 이 꼬마는 우리 주변에 남아 있었다. 때로는 우리 앞

에, 또 어떤 때는 우리 옆에서 사장님과 이런저런 얘기도 하고 갈림길이 나오면 꼬마가 앞장을 서고 사장님은 그 뒤를 따라갔다. 갑자기 이 작은 친구의 정체가 궁금해지기 시작했지만 물어보지는 않았다. 한참이 지난 후에도 꼬마는 계속 우리와 함께 다녔고 결국에는 사장님이 이 친구를 일일 가이드로 고용하기로 하였다.

꼬마는 메디나 근처에 살거나 부모가 메디나의 어딘가에서 장사를 하는지도 모른다. 아니면 매일처럼 구걸을 나오기 때문에 이 복잡한 곳의 지리를 손바닥 보듯 하는지도 모르겠다. 어쨌거나 덕분에 메디나의 구석구석을 제대로 구경할 수 있었다.

꼬마는 우리가 가게 안에 들어가 구경을 하면 잠시 사라졌다가 가게에서 나올 때 다시 나타나곤 했다. 그리고는 다시 앞장서서 우리를 인도했다. 염색약과 각종 향수와 오일을 파는 가게 안에서 꼬마는 내게 사진을 찍도록 포즈를 취해주었다. 그리고 사진을 보내달라고 했다. 난 지킬 수 없는 약속임을 뻔히 알면서도 그러겠다고 대답해주었다. 꼬마는 한 시간 여를 그렇게 같이 다니다가 나타날 때 그랬던 것처럼 잘 가라는 인사도 없이 갑자기 사라졌다.

사장님은 이 꼬마 가이드에게 20디람 동전을 쥐어줬다고 했다. 납작하게 구운 아랍식 빵을 열 개쯤 사먹을 수 있는 돈이니 꼬마의 한 시간 수당으로는 큰돈이다. 하긴 척박한 이 나라에서 보수도 없이 한 시간씩이나 관광객에게 서비스할 만큼 여유로운 아이들이 있을까.

메디나 고물상의 세 노인

메디나의 한 고물상 안에 세 명의 노인과 세 명의 젊은이가 있었다. 노인들은 고물들 사이에 앉아 멍하니 문 밖의 길을 바라보고 있었고 젊은이들은 고물들을 열심히 정리하고 있었다.

   냄새는 고약하고 물건들은 먼지가 소복히 앉아 있었다. 건물은 무너질 것 같았고 벽이 없어 위층의 안쪽이 훤히 다 들여다보였다.

   고물들 사이에 앉아 있는 노인들은 오랜만에 나타난 동양인이 신기하지도 않나 보다. 나에게는 눈길조차 주지 않고 고물을 만지작거리거나 담배를 피우거나 아랍어로 중얼중얼 뭐라고 하다가 다시 멍한 상태로 돌아가곤 했다.

   가까이 다가가서 사진을 찍었다. 내가 사진을 찍는지도 모르고 다가오는지조차 모르는 것 같았다. 아니, 알면서도 모르는 척했는지도 모르겠다.

   긴 시간을 아무것도 하지 않고 우두커니 앉아 있을 수 있는 사람은 행복한 사람이다. 주변 환경에 지배당하지 않고 시간의 흐름을 느끼

지 않는 사람들이기 때문이다.

이 세 노인을 찍은 사진은 이날 이후 내가 가장 좋아하는 사진 중의 하나가 되었다. 볼 때마다 묘한 기분이 들고 이들이 도무지 무슨 생각으로 살아가는지 아무리 들여다봐도 알 수가 없다. 여행 후 이 사진을 주제로 해서 그림을 그렸다. 그리고 사진과 함께 밀라노 집에 걸어놓았다.

가든 마조렐

마라케쉬에는 곳곳에 조그만 정원들이 많다. 그 중 가장 아름다운 정원은 프랑스 화가 루이 마조렐이 살았던 집의 정원이다. 그는 1920년대에 이 집에 살았는데 지금은 프랑스의 스타일리스트인 이브 생 로랑이 맡아 관리한다고 한다.

정원은 선인장으로 가득했다. 난 이렇게 많은 선인장이 있는 정원은 본 적이 없다. 날씨가 더운 나라이니 선인장을 가꾸기 쉬워서인지 모르겠지만 화가는 나름대로 선인장에 애착을 가지고 있지 않았나 싶다. 항아리를 엎어놓은 것 같은 둥근 모양, 길쭉하고 곧게 뻗은 것, 송충이처럼 땅 위를 기는 것 같은 모양, 가시나무처럼 바짝 마른 것 등 이상한 형태의 것들도 눈에 띄었다. 어떤 선인장은 나무에서 자라기도 했다. 식물학적으로 가능한 일인지는 모르겠지만 어쨌든 이 정원의 몇 선인장은 야자수 위에서 자라 그 나무의 한 부분이 되어버렸다.

정원을 따라 걷다 보면 진한 푸른색의 아름다운 집이 나온다. 이곳이 바로 화가가 살던 곳이다. 이 정원에 사용된 색상에 감탄하지 않을 수 없었다. 담장은 분홍색, 건물은 파란색이다. 그리고 가장 눈에 띄는 선명한 색상은 정원 사잇길에 놓인 노란색과 연녹색의 화분들이다. 노란색과 연녹색의 조화, 분홍색과 하늘색의 조화, 푸른색과 노란색의 조화가 우거진 녹색의 나무들과 함께 화려하고 시원한 느낌을 준다. 정원의 가운데에는 작지도 크지도 않은 연못이 있다. 이 연못의 주변으로 산책로와 작은 휴식처가 마련되어 있어 넓은 정원을 돌다 지친 사람들이 잠시 쉬어갈 수 있게 해놓았다. 때마침 황새 한 마리도

연못 주변에서 나오는 분수 밑에서 휴식을 취하고 있었다. 황새는 정원의 한 부분이 되어 그림 같은 풍경을 만들어 내었다.

정원의 모퉁이를 돌자 사진을 찍는 세 명의 모로코 사람이 있었다. 남자 한 명과 여자 두 명. 오빠와 두 자매인지, 남편과 부인과 처제인지, 아니면 남편과 두 부인인지 모르겠지만 얼른 사진을 한 장 찍었다.

정원의 한쪽에는 대나무 숲이 있다. 대나무에는 연인들이 남긴 메시지들이 새겨져 있다. 이탈리아 베로나에 있는 줄리엣의 집 벽에 붙여놓은 사랑의 포스트잇 메모나 피렌체의 폰테 베키오 다리에서 볼 수 있는 사랑의 자물쇠와 같다고 생각했다. 다른 점이라면 대나무를 뽑아내지 않는 한 여기 남긴 사랑의 메시지는 이 정원에 영원히 남아 있다는 것이다. 줄리엣의 집에 붙어 있는 포스트잇은

어느 정도 기간이 지나면 관리인이 깨끗이 떼버리기 때문에 영원히 남길 수는 없다.

마조렐 가든이 가진 매력은 꾸미지 않은 자연과 원색의 조화가 아닐까? 단순하고 유치하지만 사막의 기후에 시원함을 주는 색상. 화가 마조렐은 그 옛날 이미 원색이 주는 단순함의 매력을 찾아내어 자신의 정원에 사용한 것이다. 그 정원 자체가 마조렐의 가장 큰 그림이었다는 것을 깨달은 것은 정원을 나서기 직전이었다. 난 마조렐의 그림 속을 여행하고 있었던 것이다.

마라케쉬의 사람들

모로코는 더운 나라다. 그리고 마라케쉬는 말도 못하게 덥다. 마차를 타고 다니는 것도 힘들 정도다.

이렇게 더운 날씨 때문일까? 마라케쉬의 사람들은 느릿하고 따분해 보이기까지 했다. 담 밑이건 도로건 아주 작은 나무 밑이건 간에 그늘이 있는 곳이면 사람이 있다. 버스를 기다리는 승객들, 한 가지 일을 끝내고 다른 일로 옮겨 가기 전에 쉬는 사람들, 혹은 막연히 관

광객의 짐을 나르기 위해 기다리는 사람들, 이 모든 사람들은 그늘에 있다.

리어카를 가지고 있는 사람들은 보통 할아버지들이다. 이들은 관광객들의 짐을 리어카로 호텔까지 실어다주고 팁을 받아 생활한다. 내가 처음 마라케쉬에 도착해 메디나 안의 호텔로 들어갈 때도 짐꾼 할아버지가 리어카로 호텔 입구까지 짐을 실어다주었다. 그때만 해도 호텔에서 마중 나온 사람일 것이라고 생각했었다.

이들은 하릴없이 그늘에 앉아 있다가 손님이 오면 잽싸게 달려온다. 그리고 부탁하지도 않았는데 짐을 들어 자기 리어카에 싣는다. 이때는 흥정이 중요하다.

이곳은 모든 가격이 흥정으로 결정된다. 마차를 탈 때도, 짐을 나르게 할 때도, 물건을 살 때도 흥정을 하면 값이 뚝 떨어진다. 이 사람들은 관광객들에게 한몫 잡아보자 하는 속셈이 있어서 그런지 처음에는 무조건 말도 안 되는 값을 부르고 본다. 하지만 밀고 당기는 신경전을 벌이다가 가는 척하면 손님이 부른 값을 마지못해 받아들이기 십상이다. 이들은 한 손님의 일을 마치면 처음의 자기 그늘로 돌아가 멍하니 다음 손님을 기다린다.

그늘에 앉아 있는 사람들은 그냥 앉아만 있다. 어쩌다가 담배를 입에 물고 있는 사람들이 보일 뿐 말도 하지 않고 앉아만 있다. 나는 앞에서 하루 종일 아무 생각도 없이 앉아 있을 수 있는 사람은 행복한 사람이라고 썼다. 과연 이 사람들은 행복한 사람들일까? 아니면 사는 것

이 너무 힘들어 잠시 쉬는 동안만이라도 아무 생각도 하고 싶지 않은 것일까?

마라케쉬의 여자들은 큰 보따리를 이고 지고 다닌다. 정말 커다란 자루 같은 것이 한 짐이다. 그 안에 팔 물건이 들었는지 산 물건이 들었는지는 모른다. 그저 내 눈에 보이는 것은 커다랗고 터질 듯한 비닐봉지와 자루뿐이다. 어떤 때는 아이들도 주렁주렁 달고 다닌다. 터질 것 같은 짐에 주렁주렁 달린 아이들. 같은 여자로서 안쓰러운 마음에 진한 아픔이 밀려왔다.

아이들은 구걸이 익숙하다. 차가 서면 어디선가 나타나서 조그맣고 때 묻은 손을 들이밀고 구걸을 한다. 어떤 때는 건너뛴 3대가 한꺼번에 구걸하기도 한다. 할머니가 등에 어린아이를 업고 큰손자와 함께 달려온다.

아이들은 이런 환경에서 자라는데도 표정이 밝다. 항상 웃는 얼굴로 구걸을 한다. 해맑은 표정을 보면 정말 먹을 것이 없어서 구걸을 하는 것인지 군것질거리를 마련하기 위해서 심심풀이로 하는 것인지 알 수가 없을 정도다. 마차를 타고 가면 한 백 미터 정도를 마차와 함께 뛴다. 동전을 줄 때까지 떨어지지 않고 있다가 한 푼이라도 받으면 기뻐하며 좋은 하루가 되라고 인사를 하고 저만치 달려간다.

아이들은 이탈리아나 한국 아이들에 비해 훨씬 더 성숙하다. 힘든 세상의 맛을 일찍 봐서일까? 열 살 정도밖에 안 되어 보이는 아이들이 부모의 일을 돕는 것을 당연하게 여긴다. 보호 받고 공부해야 할

나이에 생활 전선에 뛰어드는 것이다. 그런 어려움 속에서도 자기보다 어린 동생들을 끔찍하게 아낀다. 사랑을 받기보다 주는 아이들. 모로코 아이들의 모습이다.

마라케쉬 사람들은 카사블랑카 사람들과 좀 다르다. 좀 더 더운 지역이어서인지 좀 더 정열적이고 좀 더 게으르다. 그런데 호텔이나 고급 레스토랑에서 일하는 종업원들은 그렇지 않다. 날렵하고 바지런하며 예의도 깍듯한 것이 유럽 사람들보다 더 친절하고 상냥하다. 이들은 개개인의 손님이 자신이 특별 게스트라는 것을 느낄 수 있게 최상의 서비스를 하도록 교육 받은 것 같다. 선진국에서도 보기 힘든 특별 서비스다.

마라케쉬의 사람들은 게으르건 바지런하건 간에 나에게 깊은 인상을 남겼다. 내일에 대한 걱정이 없는 사람들, 하루하루를 단순하게 사는 사람들, 내가 본 마라케쉬 서민들의 모습이다.

메나라 별궁

황홀한 저녁노을과 술탄들의 밀회로 유명한 메나라 별궁에 도착한 것은 대낮이었다. 술탄이 밀회를 즐긴 애인을 남몰래 밀어 빠뜨렸다고 하는 저수지는 공사 중이라 물은 한 방울도 고여 있지 않았지만 관광객이 끊이지 않았다. 이 별궁은 분홍빛이 도는 작고 단순한 건물로 2층에 있는 세 개의 작은 창문이 유일한 장식이라 할 수 있다.

별궁 안은 시원했다. 건물의 벽이 두껍고 창이 몇 개 없어서 밖의 더운 공기가 쉽게 들어오지 못하는데다가 가구가 없으니 더 시원한 느낌이 들었다.

2층도 1층과 같이 가구 하나 없이 텅 비어 있었다. 천장과 문은 아랍식 장식으로 가득 메워져 있고 한쪽 벽에는 오래된 그림이 색이 바랜 채로 남아 있었는데 유명한 추상화가의 그림과 견주어도 뒤지지

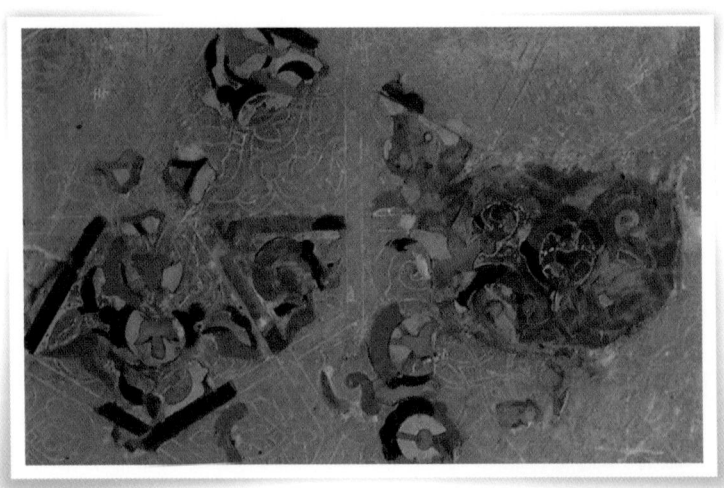

않을 만큼 아름다운 그림이었다.

거실을 지나가는데 한 소녀가 창턱에 걸터앉아 밖을 내다보며 누군가를 기다리고 있었다. 엄마를 기다리나? 아름답고도 힘든 기다림의 순간. 예전에 술탄의 애인들도 저렇게 밖을 내다보며 그들을 기다렸을까?

발코니로 나가자 마른 저수지가 앞에 펼쳐졌다. 인부들은 몇 명 없었지만 쉴 새 없이 움직이며 뭔가를 나르고 있었다. 날이 더워 숨을 쉬기조차 힘든데 땡볕에서 일을 하는 사람들을 보니 딱하다는 생각이 들었다.

얼마 지나지 않아 현지 가이드가 발코니로 나왔다. 오랜 경험 덕분인지 책을 보고 읽는 것처럼 유창하게 설명했지만 프랑스어 설명이어서 난 아무 말도 이해할 수 없었다.

아직도 궁금한 것이 있다. 바로 메나라 저수지의 물을 빼냈을 당시 술탄이 빠뜨렸다는 애인들의 흔적이 발견되었을까 하는 것이다. 아마도 전설처럼 사람들의 입에 오르내리는 이야기일 뿐 사실이 아닌지도 모른다. 그렇다면 더 생각할 필요 없이 전설을 그대로 믿는 것이 낭만을 위한 길일 테지만.

Chapter 05
깊은 깨달음, 페스

페스를 향해서

2004년 12월 나는 모로코를 일이 아닌 여행만으로 다녀와야겠다고 결정했다. 이 년 동안 모로코에 여섯 번 다녀왔지만 카사블랑카와 마라케쉬 외의 다른 곳은 방문해본 적이 없으니 모로코를 안다고 할 수 없다는 생각이 들었던 것이다. 이런 나의 생각을 전화로 얘기했을 때 아주엘로스 사장은 반기지 않는 눈치였다. 아직도 혼자 여행하는 것은 위험하다고 생각했기 때문이다. 하지만 결국에는 찬성했고 내 여행에 필요한 호텔예약은 자신이 해주겠다고 했다. 서둘러 비행기표를 구입하고 모로코를 향해 출발했다.

카사블랑카에서 이틀을 묵은 후 첫 여행지를 페스로 잡았다. 페스는 카사블랑카에서 기차로 4시간 15분 정도 걸리는 북쪽에 있다. 이곳은 수공 가죽 염색으로 유명한데 이 작업을 구경하기 위해 전 세계에서 관광객이 모여든다. 페스에 관한 얘기는 모로코 관광을 다녀온 친구들로부터 여러 번 들었고 밀라노에서 열린 사진전시회에서도 본

적이 있어서 항상 궁금했다. 하지만 모로코에 갈 때마다 일이 많아서 여행을 할 만한 개인적 시간을 낼 수가 없었고 시간이 난다 해도 혼자서 여행한다는 것은 생각할 수조차 없는 일이었다. 우선 말이 문제였다. 그때 나의 프랑스어 실력은 단어 몇 개 정도 외우는 수준이었고 아랍어는 '인샬라' 밖에 몰랐기 때문이다. 그리고 모로코 사람들 틈에서 보기 드문 동양인인 난 눈에 너무 금방 띄었다. 그렇다고 내가 두건을 쓰고 다닐 수도 없었다. 당시 회사에서 나와 함께 여행을 할 수 있을 만큼 한가한 사람은 아무도 없었다. 이런 형편이었는데도 나는 이 여행이 꼭 하고 싶었다.

카사블랑카에서 10시 15분에 출발하는 기차를 탔다. 하디샤가 점심

때 기차에서 먹으라고 만들어준 샌드위치를 받아서 떠나느라 늦게 출발했기 때문에 운전사 벨카스는 총알택시 기사처럼 신호도 무시하고 마구 달려야만 했다. 역에 도착하니 내가 탈 기차가 플랫폼에 막 도착하고 있었다. 간신히 기차를 탔다. 벨카스는 내가 기차에 오르는 것을 확인하고 역을 떠났다.

네 시간이라는 기차여행은 지루하기도 하고 신기하기도 했다. 넓은 벌판에 듬성듬성 서 있는 나무, 뛰노는 양과 젖소, 기찻길 옆에서 놀다가 달리는 기차소리에 놀라 푸드덕 날아가버리는 황새 무리, 강을 건너가는 나룻배 그리고 짐을 잔뜩 실은 노새를 타고서 산등성을 넘고 시냇물을 건너는 모로코 사람들. 책과 다큐멘터리에서나 볼 수 있

는 풍경들이어서 내게는 모든 것이 색다르게 다가왔다.

사실 이들의 삶은 자연의 모습처럼 여유롭거나 낭만적이지 않을 것이다. 첨단의 문물이 넘쳐나는 21세기에도 노새를 타고 다니고 나룻배로 강을 건너는 삶은 내가 보기에는 낭만적이지만 그들에게는 힘겨운 삶일 뿐이다. 다만 평생을 이런 환경 속에서 살아왔기 때문에 그다지 불편함을 느끼지 못하고 사는 것일 게다. 그런 점을 생각하다 보니 마음이 복잡해져서 더 이상 생각의 고리를 잇지 않기로 했다.

기차는 가다 서다를 반복하며 달려갔다. 끝이 없는 산과 들. 창밖 풍경이 지루하다고 생각되기 시작할 무렵 기차는 페스에 도착했다.

유세프와 염색공장

페스에 도착한 시간은 오후 2시 40분. 카사블랑카에서 아주엘로스 사장이 예약해준 호텔은 역 바로 앞에 위치한 별 세 개의 이비스 호텔이다. 싱글 룸이 아침을 포함해 약 3만 5,000원 정도 했다. 짐을 풀고 바로 메디나로 향했다.

입구에 도착하자마자 문 앞에 서 있는 군인에게 가죽 염색하는 곳을 물었다. 그때 내 프랑스어 실력은 겨우 서너 살 먹은 아이들 수준이었다. 이상하게도 그는 위치를 몰랐다. 옆의 동료에게 물으니 그도 몰라 또 다른 동료에게 물었다. 그도 모른다고 했다.

바로 그때 옆에 있던 한 청년이 자기가 그곳을 안다면서 원하면 데려다주겠다고 했다. 나는 잘 되었다 싶어 그러자고 하고 그의 뒤를 따라 나섰다.

이 청년의 이름은 유세프. 페스의 대학에서 수학을 공부한다고 하는데 아무래도 나를 안심시키기 위해 한 거짓말이 아닌가 싶었다. 유

세프는 메디나를 자기 집 마당처럼 훤히 알고 있었다. 나는 지도도 볼 필요 없이 그의 등만 바라보며 걸었다. 페스의 메디나도 마라케쉬의 메디나와 같이 16, 17세기에 지어진 오래된 도시가 그대로 남아 있기 때문에 길들은 매우 좁고 복잡했다. 가이드 없이는 도저히 출구를 찾을 수 없을 것 같았다.

한순간 지독한 냄새가 코를 찌르기 시작했다. 염색 작업하는 곳이 가까워졌다는 증거다. 아니나 다를까 유세프는 어느 집 안으로 쑥 들어가며 염색하는 곳을 위에서 내려다볼 수 있다고 했다. 참 잘되었다 싶었다. 일반적으로 가이드북과 페스에 관련된 책을 보면 이곳의 사진은 모두 위에서 내려다보고 찍은 것이어서 나도 될 수 있으면 어디든 위로 올라가서 보고 싶었기 때문이었다. 그런데 들어가면서 뭔가 이상한 느낌이 들었다. 가방과 가죽 쿠션이 많이 쌓여 있는 방을 지나 발코니로 나가게 되었는데 그때서야 '유세프가 관광객을 데려다 주고 커미션 먹는 녀석이구나' 하는 생각이 들었다. 그래도 좋은 곳으로 데려왔으니 뭐라 할 것은 못 되었다. 그는 이내 나를 그곳의

점원에게 넘기고는 자기는 안에서 기다리겠다고 하고 사라져버렸다.

점원은 상냥함으로 포장된 웃음을 지으며 나를 데리고 발코니로 나갔다. 그곳에서는 그렇게 보고 싶던 염색 작업하는 곳이 한눈에 내려다 보였다. 점원은 내가 기뻐하는 것을 눈치 챘는지 당장에 이곳에 대한 설명을 하기 시작했다. 어찌나 유창하고 빠르게 영어를 구사하는지 설명 중간에 몇 번을 되물어야 했다.

지는 저녁 해에 의해 생긴 건물의 그림자가 이곳의 반을 덮었다. 벌집과 같은 구조로 만든 염색 탕 안에는 붉은색, 푸른색, 노란색, 녹색의 염료가 담겨 있고 그 안에 가죽을 넣어 염색했다. 염색 재료는 100퍼센트 자연염료로 붉은색은 패션 플라워로, 노란색은 사프란으로,

녹색은 민트로 만든다고 했다.

 염색 탕은 크게 두 곳으로 구분되었다. 처음에 가죽을 부드럽게 만들기 위해 암모니아에 담가두는 곳은 탕의 벽면이 흰색이다. 이곳에서 며칠을 보낸 후 가죽은 잘 씻어서 염색을 하는 둘째 탕으로 보내지는데 이곳의 벽 색깔은 갈색이다.
 이렇게 염색된 가죽은 몇 주간 햇빛에 말린 후 부드럽게 만들기 위해서 옆 건물로 보내진다. 가죽이 부드럽게 된 후에야 가방이나 쿠션, 슬리퍼 등 제품으로 만들 수 있는 것이다.
 난 이 염색하는 장소에 한 30분간 머물러 있었다. 이 30분이라는

시간은 길고도 짧은 시간이었다. 참을 수 없는 악취와 쉴 새 없이 설명을 하는 점원이 귀찮아서 길게 느껴졌지만 몇 백 년 동안을 같은 방식으로 일을 해온, 어디서도 찾아볼 수 없는 유일무이한 이 장소에 좀 더 머물러 있고 싶은 마음에 짧게 느껴지기도 했던 것이다.

주변의 이런 환경은 나로 하여금 18세기의 한 사회에 와 있다는 느낌을 받게 했다. 자전거조차 다닐 수 없는 좁고 구불구불하고 경사진 길, 염색된 가죽을 등에 지고 운반하는 사람들, 낡고 지저분하고 색이 바랜 건물들, 그 사이를 뛰어다니는 아이들…… 이들은 발전을 거부하는 것일까 아니면 관심이 없는 것일까? 이것이 운명이라 생각하고 그냥 받아들이는 것일까 아니면 그들만의 치열한 삶의 방식일까?

점원은 설명이 끝나고 나를 안쪽으로 데리고 들어갔다. 이 사람의 말솜씨가 하도 좋아 난 떠나기 전 이곳에서 둥근 가죽 쿠션과 가죽 슬리퍼를 덥석 사고 말았다. 꼭 사고 싶었던 것이기도 했지만 엄청난 할인 900디람이 600디람으로 변하는 신기함에 혹해 사고 말았다.

상점을 나오자 유세프는 다시 앞장서서 골목을 걷기 시작했다. 중앙 신전에 잠시 들르는가 싶더니 나를 다시 카펫 파는 곳으로 데려가는 것이다. 난 여기서는 정신을 똑바로 차리고 들어가서 한 바퀴 돈 다음 잘 봤다고 하고 얼른 나왔다. 또 어떤 호객행위에 빠져 들어갈지 몰랐기 때문이다.

유세프는 페스에서 명소라고 하는 곳들을 빠른 시간 내에 보여주었

다. 뭔가가 급했는지 한 곳에 오래 머물러 있지 않았기 때문에 난 제대로 구경도 못하고 끌려 다니는 느낌이었다. 한 시간 정도의 가이드 투어가 끝난 후 그는 나를 처음 만난 입구로 데리고 나왔다.

갑자기 유세프가 말했다.

"아 유 해피?"

행복하냐고? 난 기분이 좋기도 하고 생각지 않게 충동구매를 한 것이 속상하기도 했지만 그에게는 좋은 구경을 해서 행복하다고 했다. 그는 "그러면 택시를 타고 다른 곳으로 이동하자"라고 했다.

난 또 어떤 곳으로 데리고 가 물건을 사게 할지 겁부터 나서 이쯤에서 헤어지는 것이 좋겠다고 했다.

"그렇다면 내가 너를 행복하게 해주었으니까 너도 나를 행복하게 해달라."

가이드 비용을 달라는 것이었다. 난 생각지 않은 돈을 쓴데다가 택시비를 남겨놓아야 했기 때문에 남은 현금이 얼마 없어 20디람밖에 주지 못했다. 그는 실망하여 고개를 숙이고 돌아갔다. 아마도 나를 돈 많은 일본 관광객쯤으로 생각하고 한몫 잡으려 했던 것 같다.

나는 그 순간 생각했다. 내 행복의 가격은 20디람인가? 행복의 정도로 보면 난 돈을 더 줬어야 했다. 사실 유세프가 나를 행복하게 해준 것은 돈으로 따질 수 없는 가치가 있었다. 하지만 나의 20디람은 행복에 대한 자발적인 답례가 아니라 어쩔 수 없이 줘야 하는 '가이드 비용'일 뿐이었다.

모스케아 뒤로 지는 해를 보며 다시 메디나로 향했다. 다시 한 번 찬찬히 구경하고 싶었기 때문이다. 가이드 없이도 얼마든지 혼자 메디나를 다닐 수 있다고 생각했다. 하지만 얼마 지나지 않아 내 생각은 틀렸다는 것을 알게 되었다.

미아가 되어

유세프와 함께 걸었던 길을 되짚어 가는 것은 어렵지 않았다. 메디나의 입구는 안쪽의 길보다 넓고 밝았다.

유세프를 쫓아 갈 때는 보지 못한 상점들이 눈에 띄기 시작했다. 혼자 다시 들어오길 잘했다고 생각했다. 관광객이 많이 오는 곳이라서인지 가끔 벽에 출구 방향과 모스케아로 가는 길을 알리는 표지판이 있었다. 길 잃을 일은 없겠다 싶어 일단 안심이 되었다.

주렁주렁 매달린 바구니, 쇠로 만든 쟁반과 접시, 냄비, 디자인과 색상이 키치한 잡동사니들과 그 옆에 할 일 없이 앉아 있는 사람들은

모로코에서는 흔히 볼 수 있는 모습들이다. 이 흔한 일상의 모습이 관광객들에게는 신기하고 이국적으로 느껴져서 사진기를 들이대게 하는 소재가 되곤 한다. 메디나의 사람들은 프랑스어, 영어, 일본어로 호객행위를 했고 물건을 사지 않고 사진을 찍으려 하면 고개를 흔들면서 안 된다고 했다.

한 골목에 들어서니 칼을 만드는 집이 두서너 집 모여 있었다. 한마디로 대장간이다. 불을 지피는 화덕, 칼 가는 돌 등이 너무 매력적이었다. 한동안 서서 칼 가는 모습을 구경하니 아저씨들이 "시누와" 하고 웃는다. 중국 여자라는 뜻이다.

동양인은 무조건 시누와다. 사진을 찍으려 하니 모른 척하고 다시 하던 일을 했다.

계속해서 앞으로 걸어갔다. 더 이상 지도를 볼 필요도 없었다. 지도를 봐도 어디가 어딘지도 모르겠고 나중에 이렇게 걷다 보면 출구가 나올 것 같아서였다.

페스의 메디나는 마라케쉬의 메디나와 달리 언덕 위에 있어서 길이 가파르고 좁았다. 모스케아를 향해 좁은 길을 올라가는데 딸랑거리는

종소리와 다각거리는 소리가 들렸다. 가죽을 잔뜩 실은 당나귀가 내 쪽을 향해 다가오고 있었다. 주변의 사람들은 당나귀에게 길을 터주느라 벽에 찰싹 붙었다. 사진을 찍고 나니 당나귀가 내 바로 앞까지 다가와 있었다. 당나귀 사고가 나기 직전이었다. 난 당황한 마음에 벽에 붙을 생각을 못하고 뒷걸음질쳐 가다가 아무 상점 안으로 얼른 들

어갔다. 당나귀는 내 뒤를 바로 스쳐 지나갔다. 안도의 한숨을 내쉬니 상점 안에 있던 사람들이 웃었다. 멋쩍어서 인사를 하는 둥 마는 둥 하고 나왔다.

한 30분 정도를 더 다녔을까, 날이 어두워지기 시작했다. 이제 돌아가야겠다 싶어 지도를 들여다봤는데 아무리 봐도 뭐가 뭔지 알 수가 없었다. 일단 내가 있는 곳이 어디인지 알 수가 없었다. 사람들은 영어는 고사하고 프랑스어도 할 줄 몰랐다. 겁이 나기 시작했고 이 미로

같은 곳에서 길을 잃어버리는 것 아닌가 하는 생각이 들었다. 갑자기 유세프의 필요성을 절실하게 느꼈다.

마침 한 무리의 모로코 경찰이 내 앞에 나타났다. 잘되었다 싶어 이들에게 나가는 곳을 물었으나 자기들끼리도 서로 이쪽인가 저쪽인가 하고 의견이 분분했다. 결국 제일 똑똑해 보이는 한 사람이 똑바로 앞으로 가면 출구가 나올 거라 했다. 그런데 문제는 길이 똑바르지 않고 좌우로 갈린 길들이 많이 나와 또 한 번 길을 잃었다.

손바닥만큼 작은 광장에 도착했다. 해는 이미 져서 컴컴했고 주변의 가게들도 문을 닫아 누구에게 물어볼 수도 없었다. 주변에 보이는 것은 열 살 정도의 어린아이들과 강아지뿐이었다. 이미 방향감각을 잃은 나는 식은땀이 났다. 그때 컴컴한 상점 안에서 한 노인이 나왔다. 어찌나 반가웠는지 무조건 그 사람에게 다가가서 지도를 보여주고 입구를 손가락으로 가리켰다.

"이곳으로 가야 하는데 지금 우리가 어디 있고 어디로 가야 하는지 알려주세요."

영어와 프랑스어를 섞어서 말했다. 이 노인은 내가 하는 말은 못 알아들은 것 같았지만 내 상황은 이해하는 것 같았다. 노인은 지도를 한참 들여다보더니 프랑스어로 뭐라고 하면서 손으로 내가 가야 할 곳을 가리켰다. 의심할 겨를도 없었다. 무조건 고맙다고 하고 노인이 알려준 길로 걷기 시작했다.

그렇게 걸어가다가 처음에 만난 경찰들을 다시 만났다. 그들은 내

가 아직도 헤매고 있는 것을 보더니 막 웃었다. 그리고 조금만 더 가면 출구가 나오니 걱정하지 말라고 했다.

얼마를 더 걸으니 낯익은 풍경이 눈앞에 펼쳐졌다. 입구였다. 밖으로 나오니 다시 만난 세상이 반가울 뿐이었다. 줄지어 서 있던 작은 택시 하나에 긴장감으로 지친 몸을 싣고 호텔로 돌아왔다.

어린 가이드의 인사

페스에 도착한 지 이틀째 되는 날 그 전날 못 본 다른 지역을 보기 위해 일찍 호텔을 나섰다. 메디나의 뒷부분과 유대인 구역을 보고 저녁에 카사블랑카로 돌아갈 예정이었다.

전날 들어간 입구의 반대쪽에 있는 문을 통해 메디나로 들어갔다. 메디나의 시작을 알리는 문은 아라베스크 양식으로 상감된 건축물이었는데 그 정교함과 아름다움이 이슬람 문화의 화려함을 잘 설명해주었다.

메디나 입구에 들어선 지 5분쯤 되었을까, 열두 살 정도 되어 보이는 한 남자아이가 따라붙었다. 이 어린 친구는 내가 그날의 봉이라고 생각했을 것이다. 이곳에서 혼자 여행하는 동양여자가 어디 그리 흔하던가! 잘 안 되는 영어로 자기가 오늘의 가이드를 해주겠다고 했다.

귀찮았다. 전날에도 가이드가 데려간 곳에서 원하지도 않던 물건을 사고 기분이 상했던 기억이 되살아났다. 게다가 이 친구는 어린아이였다.

처음에는 기분 좋게 거절했다. 고맙지만 어제 왔던 길이라 가이드가 필요 없다고 했다. 그런데 이 어린 가이드는 생각과 달리 매우 끈질겼다. 무시하고 앞으로 걸어가는데 계속해서 내 뒤를 따라왔다. 그리고 원하지도 않는 설명을 하기 시작했다. 왼쪽 건물은 어쩌고저쩌고, 옆의 분수는 어쩌고저쩌고…… 어이도 없었지만 일단은 귀찮은 마음이 컸다. 몇 번이나 필요 없다고 가라고 타이르고 으름장도 놓아보았지만 꿈쩍도 하지 않았다.

이 어린 친구와 신경전을 벌이면서 걷기를 약 20분 정도 했을까, 결국 걸음을 멈추고 큰소리를 내었다.

"너 바보 아니야? 아니면 귀머거리야? 그만큼 얘기했으면 알아들

어야지! 빨리 포기하고 다른 사람한테나 가봐! 아무리 나를 따라와도 난 한 푼도 안 줄 테니 그렇게 알아라!" 하고 신경질을 냈다.

그 순간 이 소년의 표정이 굳어졌다. 드디어 내 의도를 알아챘다는 듯 걸음을 멈췄고 몇 초 후 내게 작별인사를 했다.

"알았습니다. 그럼 즐거운 하루 보내시고 당신에게 많은 행운이 있기를 빕니다."

소년은 말이 끝나기가 무섭게 뒤도 돌아보지 않고 가버렸다.

이 순간 무너져버린 것은 바로 나였다. 이 소년은 내가 그렇게 심한 말을 하고 쫓아버렸음에도 내게 욕 한마디 하지 않고 오히려 행운을 빌어주었다. 난 창피함과 당혹감 때문에 그 소년이 모퉁이를 돌아 보이지 않게 될 때까지 멍하니 서 있었다.

도대체 모로코 사람들은 어떤 철학으로 살아가는 것일까? 그날의 나는 알라가 그 소년에게 보낸 선물이 아니었나보다.

페스의 게토

유대인 구역은 페스 일정의 마지막 코스였다. 현재 유대인 지역에는 유대인이 살지 않는다. 다만 당시의 건물들이 남아 있을 뿐이다. 처음 유대인들이 스페인에서 쫓겨나 모로코로 이주했을 때 페스에 많이 정착했다고 한다. 이들은 거주지를 형성하고 그들이 살던 형식으로 집을 지었는데 이 집들은 메디나에서 본 건물들과 달리 발코니가 밖으로 나와 있다. 유대교는 이슬람교와 달리 여성들을 집 안에만 두는 관습이 없었기 때문에 당시 발코니를 통해 여성들이 집 밖으로 나올 수 있었다고 한다.

이 구역의 중심가로 한 200미터쯤 들어갔을까, 뒤에서 어떤 아저씨가 영어로 가이드가 필요하냐고 물었다. 시간도 많지 않고 가이드가 있으면 좋을 것 같아 그렇다고 했다.

"단 시간이 없으니 게토Ghetto만 안내해 주세요. 얼마를 드려야 하죠?" 하고 물었다. 아저씨는 "그건 나중에 주고 싶은 만큼만 주면 돼"라고 하더니 곧 성큼성큼 앞으로 걸어갔다.

나는 아저씨의 뒤를 따르면서도 주변을 구경하며 걷느라 걸음이 느렸고 아저씨는 그런 내가 도망이라도 갈까 걱정스러운지 수시로 돌아보며 확인하곤 했다.

게토의 입구에는 벌써 유대인 구역임을 알리는 다윗의 별이 담에 걸려 있었다. 모퉁이를 돌아 게토 안으로 들어가는 순간 난 숨통이 턱 하고 막히는 것 같았다. '이곳이 게토구나' 한마디로 감옥과 같았다. 긴 복도의 오른쪽으로 감방과 같은 집들이 붙어 있고 왼쪽의 벽에 높이 뚫린 구멍에는 쇠그물이 걸려 있었는데 그 뒤로 유대인의 묘지가 보였다. 벽에는 나치의 상징인 스바스티카Swastika가 그려져 있었고 어린아이 몇 명이 놀고 있었다. 지금은 몇몇 가난한 가정이 이곳에서 살고 있지만 예전에는 페스에 남아

있던 모든 유대인들이 이곳에서 나오지 못하다가 죽으면 저 뒤에 묻혔구나 생각하니 가슴이 저렸다.

숨이 막혀 더 이상 있을 수가 없었다. 밖으로 나오자마자 가이드 아저씨에게 고맙다고 말하려 했다. 순간 그는 다시 앞장을 서더니 예전의 시나고그로 안내해 주겠다고 했다. 방문 예정에 있던 곳은 아니었지만 생각보다 시간도 남고 여기까지 와서 시나고그도 안보고 돌아가면 섭섭할 것 같기도 해서 다시 아저씨를 따라가기 시작했다.

가이드 아저씨는 구부정한 등을 하고 계속 앞장서서 갔다. 시나고그는 예전에 유대인 가정집이 많던 곳의 뒤편에 자리하고 있었는데 아무런 표시가 없어 가이드 없이 찾을 수 없는 곳임이 확실했다. 이곳

역시 현재는 일반 모로코인의 가정집으로 사용되고 있기 때문에 내부를 방문할 수는 없었다.

가이드 아저씨는 나를 데리고 또 다른 곳으로 가려고 했다. 난 기차 시간도 있고 해서 이만 가봐야겠다고 했다. 아저씨는 그제서야 가이드 비용을 달라고 했다.

"얼마나 원하는데요?"

아저씨는 턱도 없는 금액을 요구했다. 난 말도 안 된다고 하고 현금이 20디람밖에 없으니 그것만 받으라고 했다. 아저씨는

"그래도 담뱃값 정도는 받아야겠는데" 하며 울상을 지었다.

담배가 얼만지 알 수도 없지만 20디람은 내가 생각해도 좀 적은 것 같아서 "이게 내가 가진 전부예요" 하고 30디람을 얼른 손에 쥐어줬다. 이 아저씨도 나와는 흥정해도 소용이 없다는 것을 느꼈는지 전날의 유세프처럼 고개를 푹 숙이고 돌아갔다.

난 아직도 이런 가이드들에게 얼마를 줘야 하는지 잘 모르겠다. 그들은 먼저 와서 가이드를 해주겠다고 자청하지만 얼마를 원하느냐고 하면 말을 안 한다. 나중에 주고 싶은 만큼만 달라고 하고 막상 돈을 받을 때면 내가 주는 돈은 적다고 한다.

모로코의 택시 요금과 비교해보면 이들의 가이드 비용은 싼 것만은 아니다. 문제는 필요에 의해 내가 찾은 것인지 아니면 수동적으로 받아들여졌는지의 문제인 것 같다.

페스의 여행은 짧았지만 충격적이었다. 염색 탕도, 게토도, 나에게 호되게 욕을 먹고도 행운을 빌어주던 꼬마도, 길을 잃었던 것도 모두 강한 인상을 남겼다.

이날의 충격은 나의 생각과 행동에 큰 영향을 끼쳤다. 염색 탕과 같이 겉으로 보이는 화려함과 아름다움 뒤에는 항상 숨은 고통이 있다는 것, 게토처럼 내가 원하지 않아도 남으로부터 억압 받는 상황이 생길 수 있다는 것, 꼬마 가이드처럼 상대방이 내게 심하게 대해도 내가 너그럽게 대하면 미움조차 녹일 수 있다는 것, 그리고 삶이라는 것은 항상 미로와 같아서 옳다고 생각해도 그른 길로 들어갈 수 있고 그때는 나를 바른 길로 인도해줄 인생의 가이드가 반드시 필요하다는 것을 깨달은 것이다.

페스에서의 여행은 평생 잊지 못할 교훈을 준 인생의 스승이었다.

시간이 멈춰버린 그곳, 에사위라

에사위라 왕자와 리아드 기보

오전 일곱시. 아주엘로스 사장님이 고속버스 터미널까지 나를 데려다주었다. 일찌감치 표를 예약해 둔 터라 좌석에 대한 걱정은 되지 않았지만 다섯 시간 이상이나 걸리는 버스 여행이 약간 걱정이 되었다.

이른 아침이었는데도 터미널에는 사람들이 많았다. 두건을 쓴 여인들이 보따리 짐을 이고 지고 있었다. 어떤 교통수단을 이용하는 여행이든 모로코 여인들은 항상 보따리 짐이 많다. 비행기를 탈 때도, 기차를 탈 때도 짐이 많다. 도대체 뭘 그리 가지고 다니는 것일까? 아마도 우리나라 시골 할머니들이 그러는 것처럼 식구들을 위해 먹을 것 입을 것 등을 바리바리 챙겨가는 것이리라.

내 좌석은 2번이었다. 버스에서 가장 좋고 비싼 좌석이 1번부터 4번이라고 했으니 내 표는 비행기로 따지면 퍼스트 클래스인 셈이다. 그리고 뒤로 갈수록 표는 싸진다고 했다.

버스는 정시에 출발했다.

내가 에사위라로 떠나기 전 사장님은 걱정이 이만저만이 아니었다. 내가 페스도 혼자 잘 다녀왔는데 무슨 걱정이냐고 했지만 그래도 걱정이 되었던 것 같다. 그러더니 갑자기 해결책을 찾았다. 사장님에게는 '에사위라의 왕자'라고 불리는 조지라는 친구가 있는데 마침 에사위라에 친구와 함께 머물고 있다는 것을 알게 되었고 그에게 내 안전을 책임지라고 신신 당부를 했다.

조지는 전에도 몇 번 본 적이 있다. 유쾌하고 농담을 많이 하는 머리가 희끗한, 예순 살 전후의 캐나다 사람이다. 에사위라에서 태어났기 때문에 일 년에 한두 번은 꼭 이곳에 머무는데 이곳에서 조지를 모르면 간첩이라 할 정도로 유명해서 모두들 그를 '에사위라의 왕자'라고 부른다고 했다. 나 역시 누군가 아는 사람이 있다는 것 때문에 혼자 하는 여행임에도 안심이 되었다.

다섯 시간의 지겨운 버스 여행 후 에사위라에 도착했다. 약속장소는 도시의 중앙에 있는 광장이었는데 겨울이라 그런지 관광객도 없고 지나가는 사람들도 별로 없었다. 조지는 30분 정도 늦게 나타났다. 사미라는 프랑스 친구와 함께 와서는 나를 데리고 친구가 운영하는 기보라는 리아드모로코 정통 아파트로 갔다.

리아드를 운영하는 사람은 조지의 친구인 벨기에 남자들이었는데 매우 상냥하고 친절했다. 내가 묵을 방은 큰 방이 두 개 있고 부엌과 화장실이 딸린 아파트였다. 마라케쉬의 것과 비교할 수는 없지만 모

로코의 전통 리아드에 적은 가격으로 묵을 수 있어 다행이라 생각했다. 더군다나 두 명의 주인은 나에게 호감을 갖고 그날 저녁 칵테일 모임에 초대했다.

저녁이 되려면 아직 시간이 좀 있었다. 난 짐을 풀고 두 보디가드와 함께 주변을 산책하기 시작했다.

날이 어둑어둑해질 무렵 우리는 골목에서 한 노인을 만났다. 조지

와 사미는 이 노인과 정답게 인사를 하더니 아랍어로 대화를 나누기 시작했다. 난 속으로 '역시 에사위라의 왕자답게 매우 다양한 사람들을 알고 있구나' 생각했다.

그런데 조지가 주머니에서 20디람짜리 지폐를 꺼냈다. 그러더니 노인에게 뭔가를 자꾸 요구했다. 분위기가 묘했지만 도무지 무슨 상황

인지 이해가 되지 않았다. 갑자기 노인이 손에 든 목탁 같은 것을 흔들어 소리를 내며 괴상한 노래를 하기 시작했다. 노래는 음정과 박자가 하나도 맞지 않는 이상한 것이었는데 조지와 사미는 배꼽을 잡고 웃기 시작했고 난 영문을 몰라 웃으며 "뭔데? 뭔데?" 만 되풀이했다.

노인의 노래가 끝나자 조지는 20디람을 그의 손에 쥐어주며 등을 두드려 주었다. 노인은 고맙다는 인사를 하고 가로등 밑으로 사라졌다. 이 노인은 거지였다. 조지가 노래를 하면 20디람을 주겠다고 했던 것이다.

이 '에사위라의 왕자'는 세상에서 가장 행복한 사람이라고 아주엘로스 사장이 말한 적이 있다. 모든 것을 긍정적으로 생각하며 세상에 걱정이 없는 사람이라나. 욕심도 없고 항상 주변 사람들을 즐겁게 하는 것이 그의 낙이라고 했다. '삶은 즐기는 것' 이 그의 철학이고 그만큼 여자들에게도 인기가 많았다.

저녁 일곱시경 우리는 리아드로 돌아갔다. 이 기간에 손님은 나 혼자였지만 칵테일에 초대 받은 친구들은 여덟 명 정도 되었다. 모두 관광객이었는데 이곳을 자주 방문해서 친구로 지내는 사람들이었다. 얘기 도중 내가 주얼리 디자이너라는 것을 알게 되자 두 명의 리아드 주

인은 흥분하기 시작했다. 왜냐하면 이들은 모로코 전통 주얼리를 아주 많이 수집한 사람들이었기 때문이다. 더구나 내가 마라케쉬를 방문했을 때 구입한 책이 한 해 전 그들이 벨기에서 전시한 후 발행한 화집이었다는 것을 알게 되자 더 흥분하기 시작했다. 기다릴 수가 없었는지 그들은 이제까지 수집한 모든 모로코의 전통 주얼리를 가지고 왔다.

몇 백 년이 된 주얼리를 받아보는 순간 이번엔 내가 흥분하기 시작했다. 사실 그때까지 마땅한 박물관이 없어 모로코의 전통 주얼리는 책이나 인터넷 사진으로만 접했었는데 내가 묵은 리아드가 바로 내가 찾던 박물관이었던 것이다. 수집한 주얼리는 수백 점이나 되었고 책에서 본 바로 그 주얼리들이었다.

내가 이들의 수집품을 보고 너무 기뻐하자 이들은 더 흥이 나서 원하면 착용해보라고 했다. 결혼식 때 머리에 쓰는 관이며 망토를 고정시키는 피불 등을 착용해보고 손으로 직접 만져도 보았다. 그들은 내가 쓴 관이 잘 어울린다며 당장에 결혼식을 올려도 되겠다고 농담도 했다.

사실 이들에게 리아드는 취미, 혹은 심심풀이에 불과했다. 그들의 본업은 전 모로코를 구석구석 여행하며 가치 있는 골동품을 수집하고 세계의 박물관을 순회하며 그것을 전시하는 것이었다. 리아드는 전시회가 없는 기간에 숙소로 쓰거나 친구들을 초대하고 나 같은 관광객을 받아 부수입을 얻는 정도였던 것이다.

모로코의 보물이 모로코인을 통해서가 아니라 외국인을 통해 그 가치가 발견되고 소개되는 것이 안타깝기는 했지만 그나마 이들이 있어 이런 보물들이 세상에 빛을 보게 된다는 것이 다행이라 생각되었다.

잠시 후 그들은 또 다른 비즈니스를 소개했다. 이는 다름 아닌 화장품이었는데 시험이 막 끝나 시판되기 일보 직전인 '젊어지는 화장품'이라 했다. 솔직히 내 귀에는 60년대 약장수가 하는 말같이 들렸다.

"자, 이 약을 바르면 젊어집니다. 한번 사용해보세요!"

하지만 거짓말이 아니었다. 샘플을 발라보니 정말로 효과를 바로 느낄 수 있었다. 우리가 재미있어 하며 서로 돌아가며 발라보고 있자니, 리프팅의 효과를 바로 얻을 수 있는 다른 제품도 있는데 하도 비싸서 현재는 주문생산만 한다고 했다. 믿을 수 없는 이야기지만 샘플의 효과를 보니 그 말이 사실일 수도 있겠다는 생각이 들었다.

이날 저녁은 정말 즐거웠다. 조지의 농담이 나를 유쾌하게 했고 기보 리아드의 두 주인의 주얼리 컬렉션이 나의 소원을 성취시켜주었다.

에사위라의 여행은 이렇게 생각지도 않은 선물을 받고 시작되었다.

에사위라의 바람

다음 날은 구름이 잔뜩 끼고 비가 올 것 같은 우울한 날씨였다. 날씨가 좋든 나쁘든 상관 없이 가방에 카메라와 얼마간의 지폐, 지도, 그리고 리아드 주소가 적힌 쪽지만 넣고 숙소를 나왔다.

이른 아침이라 그런지 거리는 조용했다. 관광객도, 상인도 없는 한

산한 거리에 바다의 짠 냄새가 났다. 전날 조지를 만난 광장을 통해 시내로 들어갔다.

좁은 골목 사이로 특산품을 파는 가게가 즐비했다. 에사위라의 특산품인 나무 공예품을 파는 곳과 골동품 가게가 다른 도시보다 많았다. 대부분의 가게는 문이 닫혀 있어서 유리창을 통해 겨우 안을 들여다 볼 수 있었다.

시간이 좀 지나자 관광객들이 드문드문 보이기 시작했고 모로코 사람들은 새로운 하루를 준비하기 시작했다. 가게를 열고 청소하는 젊은이, 가게 문을 열고 들어가는 할머니, 부부로 보이는 한 쌍의 남녀가 가게 안에서 가판대를 밖으로 꺼내는 등 분주한 아침이 시작되었다.

바로 그때 골목으로 강한 바람이 몰아쳐 들어왔다. 이 바람은 예고도 없이 닥쳐 벽에 기대놓은 그림을 넘어뜨리고 카펫을 춤추게 하고 소품들을 날려 보냈다. 천막 밑

에 매달린 바부쉬와 가방들이 툭, 퍽 소리를 내며 제멋대로 춤추기 시작했고 어떤 가게 주인은 데굴데굴 굴러가는 물건을 정신없이 쫓아갔

다. 가판대를 밖으로 꺼내던 부부는 진열대가 넘어질까 두 손으로 꼭 붙잡았고 길가에 앉아 있던 소녀와 노인은 손으로 얼굴을 가리며 바람을 막았다.

바람을 등진 채 실눈을 뜨고 서 있던 나는 한쪽 길모퉁이에 쭈그리고 앉아서 바람이 불건 말건 열심히 스웨터를 짜고 있는 한 여인을 발견했다. 그녀에게는 스웨터를 파는 것만이 유일한 생계의 수단인 것 같았다. 자기 가게조차 없어서 길에서 장사를 하는 젊은 여인이 너무나 가엾게 느껴졌지만 스웨터는 도저히 살 수 없었다.

그렇듯 요란하던 바람은 언제 불었나 싶게 금방 잠잠해졌다. 지도를 꺼내 들고 스칼라Skala 요새와 성벽을 향해 발걸음을 옮겼다.

요새는 옛 건물 밑에 뚫린 터널을 통과해서 작은 가게들과 전시장 옆을 지나 올라가게 되어 있었다. 터널 입구에 다다를 무렵 한 가게에서 일곱 살 정도 된 소년이 한 손에는 자기 머리보다 큰 주전자를, 다른 한 손에는 세 개의 컵을 들고 터널 밑 도랑으로 나왔다. 소년은 주변의 사

람들은 신경 쓰지 않고 주전자에 들어 있는 물을 조금씩 부어서 컵을 씻기 시작했다. 가게에서 아버지인지 아는 사람인지가 나와 아랍어로 뭐라 뭐라 하니 컵을 씻으면서도 웃으며 대꾸를 한다. 도저히 어린 소년의 행동 같아 보이지 않았다. 컵에서는 아직도 탁한 물이 뚝뚝 떨어지는데 소년은 이 정도면 되었다 싶었는지 씻은 컵들을 들고 다시 가게 안으로 들어갔다. 소년의 뒤를 물끄러미 보고 있자니 아버지인지 아는 사람인지가 나를 수상한 눈으로 쳐다보는 것이 아닌가. 무안해서 얼른 그 자리를 떠났다.

요새로 올라가는 비탈길 벽 밑에 한 노인이 쭈그리고 앉아 담배를 피우며 나를 주시하고 있었다. 드물게 보이는 동양인이어서 그랬을까? 아니면 컵 씻는 아이를 바라보던 내 행동이 미심쩍어서일까? 모르는 척 딴짓을 하다가 다시 슬쩍 봐도 여전히 나를 보고 있다.

요새를 통해 성벽에 오르자 짠 바람이 다시 불어왔다. 도시 안에서 느낀 바람보다 강하지는 않았지만 짠맛은 더 강했다. 바다가 보이는

성벽 위에 도착하니 가슴이 탁 트이는 것 같았다. 그곳에는 나 말고도 뾰족 모자가 달린 망토를 입은 관광객들이 듬성듬성 보였다.

성벽은 그다지 높지 않았다. 한두 걸음 걷다가 밑을 내려다보니 조금 전에 걸어온 길이 보였다. 그런데 지나면서 보지 못한 한 아저씨가 자리를 펴고 모자를 뜨고 있다. 저 많은 모자를 언제 다 뜬 걸까? 많이 팔기나 할까? 조금 전에 본 스웨터 뜨던 여자보다 더 많은 시간을 길에서 보냈을까? 누구한테 모자 뜨는 방법을 배웠을까?

다시 센 바람이 불었다. 아까보다 더 센 바람이다. 한산한 길거리를 바람이 치고 지나간다. 사람들의 걸음은 바람에 밀려 휘청거린다. 여자들은 머리를 감싼 머플러가 날아갈까 손으로 꼭 휘어잡고 빠른 걸

음으로 지나간다. 아마도 히잡이 날아가는 것이 걱정이 되는 것이 아니라 히잡에 숨겨진 머리가 혹시라도 남에게 보여지게 될까 두려워서인 것 같았다.

에사위라의 바람은 골목을 지나 사람들을 한번씩 스쳐 바다로 사라졌다. 한 번 지나간 바람은 다시 돌아오지 않는다. 내 인생도 바람과 같은 것일까? 그렇다면 나라는 바람이 스쳐 지나간 사람들은 나를 산들바람으로 생각했을까 폭풍으로 생각했을까?

오손 웰즈의 에사위라

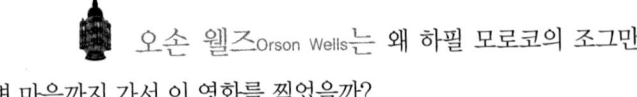 오손 웰즈Orson Wells는 왜 하필 모로코의 조그만 해변 마을까지 가서 이 영화를 찍었을까?

1952년 제작된 오손 웰즈의 영화 〈오셀로Othello〉의 배경이 된 곳이 에사위라라는 것을 알았을 때의 내 생각이었다. 다른 나라, 다른 도시에서 얻을 수 없는 무엇인가가 있기 때문이겠지만 직접 보기 전에는 이해할 수 없었다.

성벽에 올라서서 바다를 내려다보았을 때 오손 웰즈의 선택이 옳았음을 알 수 있었다. 하늘로 치솟는 고층건물이 세상 곳곳에 즐비한 21세기임에도 이곳은 여전히 18세기와 같은 삶이 계속되고 있었다. 시간이 정지된 에사위라. 17세기 초 셰익스피어가 『오셀로』를 집필할 당시의 시대 분위기와 많이 다르지 않을 것이라 생각되었다.

하얀 페인트가 벗겨져 회색의 시멘트가 그대로 보이는 건물의 벽, 좁고 어두운 골목길, 그리고 대서양. 영국에서 수입했다는 청동 대포들은 아직도 성벽 위에서 대서양을 향해 포구를 들이밀고 도시를 지키고 있다.

도시 밖의 성벽에서 바라본 에사위라는 바다 위에 떠 있는 요새와 같다. 거친 바위에 부서지는 흰 파도는 마치 요새가 전진해 가며 일으키는 물먼지처럼 느껴졌다.

성벽 위를 끝까지 걸어갔다. 그곳에는 새끼 해태 정도로 보이는 작은 동물석상이 대서양을 바라보고 앉아 있었고 그 밑에는 한 화가의

그림들이 전시되어 있었다.

화가는 보이지 않았다. 누가 그림을 가져가건 말건 상관이 없는 건지 아니면 잠시 볼일을 보러 간 건지 그것도 아니라면 안 보이는 곳에 숨어서 누가 자기 그림을 가져가나 지켜보고 있는지 알 수 없는 일이다.

먹구름이 서서히 온 하늘을 덮었다. 설명할 수 없는 묘한 어둠이 성벽으로 밀려왔다. 작은 빗방울이 뺨을 적시는가 싶더니 금방 사라져 버렸다. 그때 어디선가 갑자기 나타난 화가가 느릿느릿 그림을 거두기 시작했다.

오손 웰즈
오셀로
요새
바람
파도
벗겨진 페인트
먹구름
그리고 그림들

그렇다. 화가는 용무를 보러 간 것이 아니라 무대 밖에서 연극을 관람하고 있었던 것이다. 성벽은 오셀로의 무대고 그의 그림은 무대장치였다. 그는 일 막이 끝나자 무대장치를 치우러 올라온 것이다.

갑자기 오싹한 느낌이 들었다. 순간적으로 내가 오셀로 연극의 한 역을 맡은 배우가 된 것처럼 느껴졌다. 오손 웰즈가, 아니 오셀로가 요새 어딘가에서 칼을 들고 갑자기 튀어나올 것 같았다. 비극의 한 부분이 되고 싶지 않다! 도망쳐라!

난 관객에게 인사할 틈도 없이 걸음을 재촉해 퇴장했다.

지키지 못한 약속

요새 밑을 지날 무렵 빗방울이 굵어지기 시작했다. 우산이 없었기 때문에 비를 쫄딱 맞을 판이었다. 한 손으로는 카메라를 부둥켜안고 한 손으로는 비를 맞지 않으려고 얼굴을 가리고 어정쩡하게 서 있는데 갑자기 누가 "이리 들어와서 비를 피하지 그래요?" 하고 말을 걸었다.

뒤를 돌아보니 한 청년이 기타 같은 것이 주렁주렁 달아 놓은 한 가

게 안에서 나에게 들어오라고 손짓하고 있었다. 잠시나마 비를 피해야겠다는 생각에 고맙다고 하고 얼른 들어갔다.

들어간 곳은 가게라기보다는 작업실이라고 하는 것이 맞을 것 같았다. 주변에는 작업 중인 것 같아 보이는 기타들이 벽에 기대어져 있었고 바닥에는 나뭇 조각, 톱밥 등이 지저분하게 널려 있었다.

"모로코 전통 차 한잔 마실래요?"

비를 피하게 해준 것도 고마운데 차까지 대접하다니. 선뜻 대답을 못하고 우물쭈물하니까 자기가 마시려고 이미 준비한 차니 부담 갖지 말고 마시라고 했다.

"그렇다면 한잔만 주세요" 하고 고맙게 받아들였다.

주변을 찬찬히 둘러보았다. 들어올 때 제대로 보지 못한 사소한 것들이 서서히 보이기 시작했다. 이 주렁주렁 매달린 기타 같은 것은 우드$_{oud}$라고 불리는 배가 불룩하게 나온 열두 줄짜리 전통 악기였다. 한마디로 예술작품이다. 몸통 전체를 장식하기 위해 청년이 사용한 상감 기술은 정교한 무늬로 자개를 잘라 같은 모양으로 파인 곳을 메워넣는 방법이었는데 기술 면이나 디자인 면으로 봐서 문화재감이었다.

내가 그의 솜씨에 감탄을 하자 슬슬 자기 자랑을 하기 시작했다. 에사위라에는 모로코의 전통 악기만을 사용해서 연주하는 그룹이 있는데 자기가 그 멤버라고 하면서 공연 때 녹음한 테이프를 들려주고 앨범을 가지고 나와 신문에 났던 자신의 기사와 사진 등을 보여줬다.

이 청년은 한마디로 전통 악기의 연주자 겸 제작자인 것이었다. 갑

자기 유명한 사람과 같이 있다는 생각이 들었다.

"이렇게 유명한 사람인 줄 몰랐는데 사진 한 장 찍어도 될까요?"

청년은 좋다고 하면서 자신의 작품들 사이에서 포즈를 잡았다. 사진을 찍고 나니 바로 볼 수 있느냐고 물어봤다. 물론 바로 볼 수 있다고 하고 카메라를 돌려 화면을 보여줬다. 잠시 들여다보더니 청년은 "그럼 같이 한 장 찍자"고 했다.

그러더니 안쪽에 있던 자기 친구를 불렀다. 친구는 일을 하다 말고 나와서 사진을 찍어줬는데 포즈를 취하라고 하니 청년이 슬쩍 어깨동무를 했다.

사진을 찍고 나자 이번 것도 보여달라고 한다. 생각한 것보다 사진이 잘 나왔다고 생각했는지 나중에 자기에게 사진을 보내달라고 하면서 전화번호와 주소를 적어줬다. 이메일로 보내주겠다고 하니 컴퓨터

가 없어 이메일 주소가 없다고 했다. 알았다고 하고 주소가 적힌 쪽지를 받았다.

비가 어느 정도 멈췄기에 이제 그만 가봐야겠다 하고 자리에서 일어났다. 청년은 사진 보내는 것 잊지 말라는 것으로 작별 인사를 대신했다. 꼭 보내주마 하고 안심을 시킨 후 차 잘 마셨다는 인사를 남기고 자리를 떠났다.

이 청년이 적어준 주소는 밀라노로 가지고 돌아오기는 했는데 어느 순간 잃어버리고 말았다. 아직까지도 미안한 생각이 든다. 이메일로 보내는 것에 익숙해져서 그런 걸까? 세상이 너무 편해지다 보니 몇 년 전까지만 해도 당연히 생각되던, 인화하는 것이나 편지 부치는 것조차 '일'로 생각되어 미루고 미루다 보니 결국은 이런 작은 부탁 하나 못 들어주고 만 것이다.

내가 지운 여행의 흔적을 청년이 더 이상 마음에 담아두지 않기를 바랄 뿐이다.

항구에서

아직 비는 부슬부슬 내렸지만 먹구름은 이미 물러가고 저만치 파란 하늘이 보이기 시작했다. 골목을 지나 광장으로 나오니 산책 나온 사람들이 꽤 보였다. 비가 내린 후라 노천카페에는 아무도 앉아 있지 않았지만 광장은 서서히 활기를 띠고 있었다.

광장을 가로질러 대로변에 들어서니 맞은편에 갈매기들이 떼를 지어 빙빙 원을 그리며 날아다니는 것이 보였다. 어항이다.

어항에 이렇게 가까이 와본 것은 처음이었다. 한국에서 대학 다닐

때 소래로 두 번 사진촬영을 간 적이 있었지만 그때는 다리 위에서 항구로 들어오는 배를 찍은 것이 전부였다.

숨을 쉴 수 없을 정도로 지독한 생선 비린내가 진동했다. 길을 걸으면서도 비린물이 바지에 튈까 걱정되어 발끝으로 마른 땅만 골라 디뎠다. 어딜 가나 도시 촌사람 티를 냈다.

어부들은 열심히 그물을 거두고 배를 정박시켰다. 너무 열심히 일하는 모습이 보기 좋아 카메라를 들이대자 그중 한 사람이 손으로 찍지 말라는 표시를 했다. 무안해서 얼른 다른 곳으로 자리를 옮겼지만 좋은 장면을 놓친 것이 못내 안타까웠다.

모로코 사람들은 배에도 손 부적을 그려넣는다. 한마디로 바다에서 생길 수 있는 나쁜 일을 손이 막아줄 거라는 일종의 미신이다. 뱃머리에는 손 이외에도 별, 숫자, 아니면 모로코 여자 이름이 페인트로 대충 쓰여 있거나 그려져 있었는데 수수한 멋이 있었다.

작은 배는 거의 모두가 하늘색이다. 큰 배는 다른 색의 배도 많았지만 기둥은 대부분 하늘색으로 칠해져 있었다. 이유는 알 수 없지만 멀리서도 눈에 확실히 띄

는 것만은 사실이다.

내 주변에는 어항을 구경하러 온 사람들이 많았다. 외국인 관광객들은 물론 동네 아저씨도, 꼬마 아이들도, 심지어 갈매기까지 어부들의 일하는 모습을 구경했다. 갈매기들은 어떡하면 생선 하나라도 훔쳐 먹을 수 있을까 하는 기대감에 항상 배 주변을 날아다녔다. 특히 고기를 가득 싣고 막 입항하는 배에는 약 50~100마리 정도의 갈매기가 꽥꽥거리며 함께 들어왔다.

몸에 서서히 비린내가 배기 시작했다. 조금 더 앞으로 나가보고 싶었지만 날도 어둑해지고 리아드 기보 사람들과의 저녁 약속도 있어서 발걸음을 돌렸다. 돌아오는 동안 불어오는 바닷바람이 몸에 밴 비린

내를 조금씩 날려보냈지만 내가 며칠을 보낸 에사위라에서의 기억은 아무리 강한 바람도 지워버리지 못할 것이다.

Epilogue

모로코 여행은
계속된다

또 짐을 싼다. 한 달 예정으로 떠나는 모로코 출장이다.

매번 여행 가방을 꺼낼 때마다 '이번에는 또 무슨 일이 생길까' 하는 설렘과 걱정이 앞선다.

아직 한 번도 가보지 못한 사하라 사막과 남쪽의 작은 산마을들은 언제나 가볼 수 있을까? 브래드 피트가 주연한 〈바벨Babel〉의 배경이 된 곳, 조지 루카스 감독의 〈스타워즈Star Wars〉를 촬영한 작은 산마을은 언제 시간을 내서 가보나? 에사위라에서 느낀 것처럼 그곳에 가면 내가 외계인으로 느껴지지 않을까?

계속해서 짐을 싼다.

가끔씩 '난 모로코에서 살 수 있을까?' 하는 생각을 해본다. 문화가 다르고 종교가 다르고 언어가 다른 이 나라에서 과연 살 수 있을까?

이탈리아에서 쉽게 적응한 것처럼 모로코 문화에도 쉽게 흡수될 수 있을까?

  난 아직 이 부분의 확답을 얻지 못했다. 하지만 그곳도 사람이 사는 곳, 못 살 것도 없다.

  잠시 손을 놓고 생각한다.

  '카사블랑카에 가면 내게 부족한 것이 뭐지?'

  컴퓨터와 인터넷이 있어 한국 부모님께 매일 전화할 수 있고 비록 복제한 DVD지만 새로 나오는 영화는 다 볼 수 있고 신선하고 맛있는 음식을 매일 먹을 수 있고 주말이면 해변에 해수욕하러 갈 수 있고 내가 가끔 쇼핑하는 유럽의 브랜드들도 있고 일도 있고 의사와 약국도 있고……

  하지만 계속 열거하는 모로코에서 누릴 수 있는 것들을 '자유'와 '안전', 그리고 '법과 질서'라는 단어 앞에서 걸리고 만다.
  뭐 누가 와서 살라는 사람도 없는데 필요도 없는 걱정을 한담?
  짐을 다 싸고 나니 작은 트렁크 두 개가 꽉 찬다. 디자인에 필요한 자, 수십 가지 색깔의 마크, 책 등을 넣어서 그런지 가방은 무겁다.
  그러고 보니 모로코에는 내게 꼭 필요한 디자인 재료와 책들이 없구나. 피식 웃음이 나왔다.
  내 비행기는 내일 오전에 출발한다. 오늘 저녁에는 한동안 그리울 이탈리아식 정통 피자를 먹으러 나가야겠다.

모로코의 이방인

© 2008 김성희

초판인쇄	2008년 3월 5일
초판발행	2008년 3월 20일

지은이	김성희
펴낸이	김정순
기획	심선영
책임편집	배경란, 안강휘
펴낸곳	(주)북하우스
출판등록	1997년 9월 23일 제406-2003-055호

주소	413-756 경기도 파주시 교하읍 문발리 파주출판도시 513-8
전자메일	editor@bookhouse.co.kr
홈페이지	www.bookhouse.co.kr
블로그	blog.naver.com/bookhouse11
	blog.naver.com/29woman
전화번호	031-955-2555
팩스	031-955-3555

ISBN 978-89-5605-243-4 03810

이 도서의 국립중앙도서관 출판도서목록(CIP)은 e-CIP 홈페이지(http://www.nl.go.kr/cip.php)에서 이용하실 수 있습니다. (CIP제어번호 : CIP2008000750)

A Stranger in Morocco

Chapter 05
깊은 깨달음, 페스

페스를 향해서 · 205
유세프와 염색공장 · 209
미아가 되어 · 219
어린 가이드의 인사 · 225
페스의 게토 · 229

Chapter 06
시간이 멈춰버린 그곳, 에사위라

에사위라 왕자와 리아드 기보 · 239
에사위라의 바람 · 247
오손 웰즈의 에사위라 · 254
지키지 못한 약속 · 258
항구에서 · 263

Epilogue
모로코 여행은 계속된다 · 269

Chapter 03
카사블랑카의 나라, 모로코

카사블랑카 그곳에는 · 97
토요일 오후의 데이트 · 103
모로코 시장, 하부스 · 122
하디샤 · 127
하산 2세 이슬람 성전 · 132
카사블랑카의 해변 · 140

Chapter 04
달의 숨결, 마라케쉬

마라케쉬 · 149
블루아이 호텔에서 · 160
마차를 타고서 · 172
메디나의 밤 · 179
꼬마 가이드 · 184
메디나 고물상의 세 노인 · 186
가든 마조렐 · 189
마라케쉬의 사람들 · 194
메나라 별궁 · 198

Contents

Prologue
'마로키나'가 되어가는 '코레아나 밀라네제' · 5

Chapter 01
모로코로 떠나다
인연의 시작 · 17
낯선, 하지만 기분 좋은 예감 · 25
주얼리 숍 아주엘로스 · 30

Chapter 02
아주엘로스의 빛
세르지와 파트릭 아주엘로스 · 40
핸드 메달과 밸런타인 데이 · 47
아주엘로스 사장 · 54
매직 링 · 62
미치고 팔짝 뛸 노릇 · 66
슈팅! 슈팅! 슈팅! · 75
런던 슈팅과 파리 슈팅 · 79
코메타 · 87

오늘도 난 코레아나 밀라네제의 꼬리표를 달고 햇살 가득한 밀라노 두오모 광장에서 마로키노marocchino: 1. 모로코 남자, 2. 카푸치노와 까페 마키아토의 중간사이즈인 이탈리아 커피를 마시며 다음 출장 때 먹고 싶은 쿠스쿠스Couscous를 마음에 그린다.

2008년
김성희

어느 정도의 마로키나화가 진행된 후 내 자신에게 질문을 하나 했다. 코레아나 밀라네제가 완벽한 마로키나가 되기 위해 버려야 할 생각은 무엇이고 받아들여야 할 문화는 뭐가 있을까?

여성의 권리에 대한 언급을 피하는 것? 아이를 많이 낳는 것? 남자의 말이라면 꼼짝 못하는 것?

아아, 골치 아프다. 난 마로키나 되지 않으련다. 그냥 모로코를 사랑하는 코레아나 밀라네제로 남으련다. 영원한 모로코의 이방인으로 말이다.

밀라네제적인 습관인지 마로키나적인 습관인지 모르겠다는 것이다.

  밀라노 집에는 모로코에서 사온 장식품들이 조금씩 늘어났다. 특산품들이라 색상도 화려하고 무늬도 많이 들어가 집의 분위기와 안 맞을 것 같아 걱정했지만 의외로 잘 어울린다. 마로키나가 되어가는 내 눈에만 그렇게 보이는 걸까? 집에 초대 받은 친구들은 벽에 가득한 모로코 사진과 장식품들을 보며 나의 마로키나화를 은근슬쩍 상기시켰다.

 농담도 자꾸 하면 진담이 된다고 한동안 모로코에서 살면 어떨까 하고 생각해본 적이 있다. 일이 있으니 먹고살 걱정은 없겠다, 싱글이니 남편의 직장이나 아이들의 전학 문제도 없겠다, 음식도 풍부하고 날씨도 따뜻하니 살기는 좋을 것 같았다. 언어야 뭐 살면서 배우면 되니까 농담만 할 것이 아니라 이 기회에 진짜로 모로코 여자가 한번 되어보자 생각했다.

 얼마 후 노력도 하지 않았는데 나도 모르는 새에 마로키나적인 습관이 몸에 배어 있음을 알게 되었다. 무엇보다 농담이 많아졌다. 거북한 상황을 부드럽게 피하기 좋은 방법이다. 그리고 말을 할 때 상대방을 살짝 잡는 버릇이 생겼다. 모로코 사람들은 이야기할 때 상대방과 거리를 두지 않고 가까이서 툭툭 치는 버릇이 있는데 그런 습관이 내게도 생겼다. 그리고 좀 수다스러워졌다. 궁금한 건 이 수다스러움이

'마로키나'가 되어가는
'코레아나 밀라네제'

　밀라노 생활을 한 지 12년이 지난 지금 이탈리아 친구들은 나를 '코레아나coreana 한국 사람'가 아닌 '밀라네제milanese 밀라노 사람'로 대한다. 밀라노 말씨와 생활 습관, 그리고 패션 감각 때문에 그렇다. 그런 내가 이제는 '마로키나Marocchina 모로코 여자'가 되어가고 있다. 모로코 출장만 다녀오면 친구들이 농담처럼 나를 그렇게 부른다. 나는 "마로키나가 어때서?"라고 반문한 뒤, 또 놀리면 다음부터는 머리에 두건을 쓰고 낙타를 타고 오겠다고 대답한다. 친구들은 "그것 봐, 농담도 꼭 마로키나 같이 하고 있잖아" 하며 웃는다.

　'마로키나'는 이탈리아어다. 영어로 하면 '모로칸'이지만 주로 쓰는 말이 이탈리아 말이다 보니 마로키나가 입에 배어버렸다. 어떤 때는 "마로끼이이이이나!"라고 강조해 표현하기도 해 친구들이 배꼽을 잡는다.

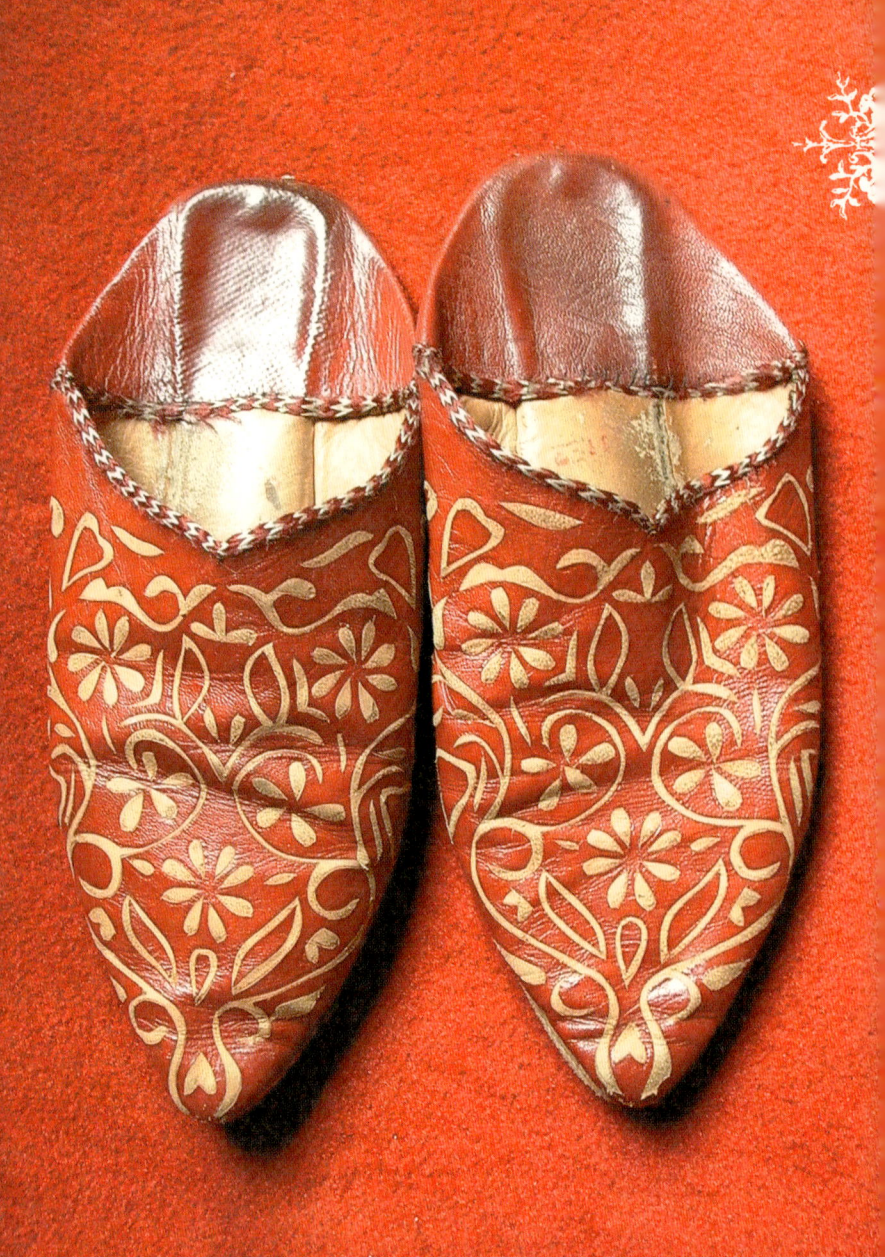

모로코의 이방인

김성희 글·사진

북하우스

모로코의 이방인